Dr. med. Götz Blome

Anspruchsvolle Bach-Blüten-Therapie

Bibliografische Information der Deutschen Nationalbibliothek:
Die Deutsche Nationalbibliothek verzeichnet diese Publikation in der
Deutschen Nationalbibliografie; detaillierte bibliografische Daten sind im
Internet über dnb.de abrufbar.

Die Umsetzung der hier gemachten Vorschläge liegt in der alleinigen Verantwortung des/r Anwenders/in. Jegliche Haftung des Autors bzw. des Verlages für Gesundheits-, Personen-, Sach- und Vermögensschäden ist ausgeschlossen.

Herstellung und Verlag
BOD – Books on demand, Norderstedt

ISBN 9783744819732

Dr. med. Götz Blome

# Anspruchsvolle
# Bach-Blüten-Therapie

# Inhalt

# Einführung in die Bach-Blüten-Therapie (BBT)

Als der englische Arzt Dr. Edward Bach vor etwa 70 Jahren seine gut gehende, homöopathische Praxis aufgab, hatte er eine Vision: er wollte aus den Blüten wild wachsender Blumen und Bäume Heilmittel entwickeln, die jeder Mensch leicht und risikolos einsetzen kann und die hauptsächlich über die Psyche wirken. Kein Mensch konnte damals ahnen, dass sich hieraus ein zukunftsweisendes Heilsystem entwickeln würde, das heute Millionen begeisterter Anhänger hat und in der ganzen Welt als "Bach-Blüten-Therapie" bekannt ist.

"Heile dich selbst" war *Bachs* These (diesen Titel trägt auch sein grundlegendes Werk). Damit meinte er zweierlei. Erstens: versuche, zu verstehen, warum es dir schlecht geht, und zweitens: ändere es, denn du selbst bist dein bester Arzt.

Da *Bach* als junger Arzt an einem lebensgefährlichen Tumor erkrankt und entgegen allen Prognosen wieder gesund geworden war, hatte er am eigenen Leib erfahren, woraus Krankheit entsteht und wie man sie heilen kann. Dieses anfangs nur intuitiv vorhandene Wissen vertiefte er im Laufe der Jahre, bis er schließlich die Überzeugung gewonnen hatte, dass die meisten Krankheiten ihren Ursprung in der Seele des Menschen haben.

Er schuf daraufhin Medikamente mit überwiegend psychischer Wirkung, die - anders als die chemischen Psychopharmaka der Schulmedizin, die die unangenehmen Reaktionen der Psyche einfach nur blockieren – darin besteht, der Psyche in ihren normalen, harmonischen Zustand zurückzuhelfen. Wie sie diese faszinierenden Wirkungen erzielen, ist auch heute noch unbekannt; vielleicht hängt es damit zusammen, dass die Blüten gewissermaßen die Seele der Pflanzen sind.

Für die Entwicklung dieses Konzeptes hatte Bach gute Gründe. Denn ihm war ein Phänomen aufgefallen, das üblicherweise in der Medizin vernachlässigt wird: einerseits kann die gleiche körperliche Krankheit mit unterschiedlichen psychischen Symptomen einhergehen und andererseits kann die gleiche psychische Störung unterschiedliche körperliche Krankheiten hervorrufen. Auf die Frage, welche Komponente wichtiger sei - die psychische oder die körperliche -, entschied er sich für erstere. Denn er hatte beobachtet, dass die meisten körperlichen Krankheiten einerseits die Folge einer schweren psychischen Belastung oder Erschütterung (seelisches Trauma) sind und dass sie andererseits fast immer von unnatürlichen und auffallenden psychischen

Symptomen oder Verhaltensweisen (wie Unruhe oder Apathie, Trostbedürftigkeit oder Verschlossenheit, Todesangst oder Todessehnsucht, Aggressivität oder Resignation) begleitet werden.

Die Pyramide soll den Aufbau des Menschen symbolisieren: oben die Psyche, unten der Körper. Wenn eine psychische Störung (z.B. Verbitterung) eintritt, entsteht zugleich im Körper eine entsprechende Krankheit, weil Krankheitsimpulse von oben nach unten fließen. Die körperliche Krankheit kann unterschiedliche Formen annehmen (z.B. Ischias, Magengeschwür, Darmentzündung)

Blockiert oder unterdrückt man (z.B. allopathisch) lediglich diese körperlichen Störungen, so bleibt die „psychische Giftquelle" bestehen und sendet – abgesehen von vorhandenen psychischen Problemen - weiterhin negative Impulse in den Körper, so dass dieser in seiner Gesamtheit weiterhin krank bleibt bzw. neue Störungen entwickelt.

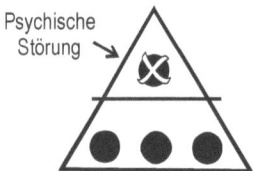 

Erst die Sanierung der Psyche bzw. Beseitigung der psychischen Störung ändert die Situation: der Körper wird nicht weiter von ihr „vergiftet" und kann sich wieder erholen.

Übertragen wir diese Erkenntnis einmal auf die Situation in einer ärztlichen Praxis. Stellen Sie sich jemanden vor, der unter starkem Durchfall, Bauchkrämpfen und Kreislaufzusammenbruch leidet und dessen Laborwerte schlecht sind. So würde ein Durchschnittsarzt den Zustand seines Patienten charakterisieren, und auf diese Symptome würde er auch die Behandlung ausrichten. Dass der Kranke außerdem einen traurigen und gequälten Gesichtsausdruck hat, dass er kaum auf Fragen antwortet und dass seine Krankheit nach einer schweren Demütigung aufgetreten ist, würde er für nicht besonders wichtig halten. Und doch sind gerade diese psychischen Zeichen und Umstände entscheidend für die Behandlung, weil ohne ihre Berücksichtigung nicht nur keine echte Heilung erreicht werden kann, sondern weil in ihnen auch der Schlüssel für eine heilsame Therapie liegt.

Das Verhalten des Patienten könnte nämlich entweder bedeuten, dass er sich aufgrund seines psychischen Traumas tief verbittert in sich zurückgezogen hat und nicht mehr weiterleben will, oder es könnte signalisieren, dass er in starkes Selbstmitleid verfallen ist und dringend Trost braucht. Außerdem weist es auf eine Charakterschwäche hin, die die Demütigung überhaupt erst möglich machte.

Dass die Therapie neben der Ursache auch diese unterschiedlichen Reaktionsweisen berücksichtigen müsste, liegt auf der Hand. Zweifellos sind sie wichtiger als die körperliche Symptomatik, denn nur sie ermöglichen eine individuelle und heilsame, d.h. *den ganzen Menschen erfassende* Behandlung. Erst wenn die Seele wieder ihren Frieden gefunden hat, kann sich auch der körperliche Zustand normalisieren. Dagegen wäre es oberflächliche „Flickschusterei", wenn man lediglich die körperlichen Symptome durch chemische Medikamente zum Verschwinden bringen würde, weil ihre Ursache ja nicht beseitigt wäre und weiterhin krankhafte Reaktionen hervorrufen würde.

Dieses Prinzip gilt nicht nur für die schweren Krankheiten (besonders beim Krebs), sondern auch für die leichten Befindlichkeitsstörungen: ohne Beseitigung der krank machenden Ursache ist keine echte Heilung möglich. Denken Sie nur einmal an die Kreislaufschwäche bei Überforderungsgefühlen, an die Magenschmerzen, die man bekommt, wenn man am Arbeitsplatz Ärger hat, an die Schlaflosigkeit, die die Folge von Ängsten ist, an den hohen Blutdruck, der sich durch Leistungsstress entwickelt, an die Gallenbeschwerden, die durch Ärger hervorgerufen werden (da ist eine „Laus über die Leber gelaufen") oder an die Nierenschmerzen infolge schlechter Behandlung (das geht einem „an die Nieren"). Auch solche, fast schon alltäglichen Störungen können nur überwunden werden, wenn man das sie verursachende psychische Problem löst.

Weisen wir aber jemanden auf diese Zusammenhänge hin (für den Außenstehenden sind sie ja oft viel deutlicher erkennbar als für den Betroffenen), so bekommen wir meist die Antwort: "Was soll ich denn machen? Ich kann doch nichts dagegen tun!" Wie soll denn auch jemand einfach seine Wut, seine Verbitterung, seine Trauer, seine Sorge, seine Angst abschalten? Wie schwer das ist, wissen wir alle.

In der offiziellen Medizin setzt man, wenn die Störung extrem ist, chemische Mittel ein, die einfach die psychische Reaktionsfähigkeit blockieren. Damit kann man zwar eine akute Gefahrensituation entschärfen, mit Heilung hat das aber nicht viel zu tun.

Eine wirklich heilsame, ganzheitliche und ursächliche Behandlung begnügt sich nicht damit, das Leiden etwas erträglicher oder unfühlbar zu machen, sondern versucht, es grundsätzlich zu überwinden[1].

*Bach* betonte immer wieder: *"Das Eigentliche an uns ist unsere Seele"*. Er nannte sie auch das *"Höhere Selbst"*. Das irdische Leben war für ihn nur ein kurzer Augenblick in der menschlichen Entwicklung, in dem wir *"Erfahrungen machen, Wissen gewinnen, Tugenden entwickeln, alles Schlechte in uns überwinden und an der Vervollkommnung unseres Wesens arbeiten"* können. Die Seele sei dabei behilflich: Sie wisse, welche Lebensumstände dazu am besten geeignet sind und konfrontiere uns mit ihnen.

Unser Leben, unser Handeln, unsere Freude und unser Leiden haben also einen höheren Sinn. Ihre Bedeutung und ihr Wert reichen über diese irdische Existenz, die wir so wenig begreifen können, hinaus. Daher stellen auch Krankheit und Tod keineswegs nur das große Unglück dar, sondern sind auch wichtige Wendepunkte im Leben bzw. ein Übergang in eine andere Seinsform.

Wenn wir dies verstehen, können wir jene Einstellung finden, die uns über alles hinweghelfen kann. Sie drückt sich in zwei einfachen Sätzen aus: "Wer weiß, wofür das gut ist" und "Es geht alles vorüber".

Die Überzeugung, dass Lebensprobleme für uns gut sein und einen Sinn haben können (auch wenn wir diesen oft erst viel später, wenn wir reifer geworden sind, erkennen), hilft uns, geduldig und aufmerksam zu warten und das zu tun, was zu tun ist. Und die Erkenntnis, dass alles vorübergeht, lässt uns auch schwere Schicksalsprüfungen überstehen. Denn sie bedeutet, dass alles sich nach dem Plan einer höheren Intelligenz vollzieht, die uns sicher und allwissend weiterführt und der wir uns - trotz ihrer Unbegreiflichkeit - anvertrauen können.

Dennoch sind wir bis zu einem gewissen Grade für unser Leben auch selbst

---

[1]  Natürlich kann aber auch die BBT nicht jede Krankheit heilen. Das kann keine Therapie, denn zu viele Faktoren spielen hierbei eine Rolle - nicht zuletzt das Schicksal. Aber immerhin hilft die BBT so oft, dass sich auf jeden Fall ein Versuch lohnt. – Bei deutlichen körperlichen Beschwerden empfiehlt sich (nach ärztlicher Untersuchung!) die zusätzliche Einnahme von homöopathischen Mitteln.

verantwortlich. Daher sagte Bach: *"Freude, Frieden, Glück und Gesundheit hängen davon ab, dass sich unsere Persönlichkeit - das ist jene Erscheinung, in der wir als irdische Menschen existieren - in Übereinstimmung mit unserem Höheren Selbst, der überirdischen Seele befindet. Wie unsere menschliche Existenz aussieht, ist gleichgültig: es kommt darauf an, dass das äußere Leben mit dem inneren Plan übereinstimmt. Jede Lebenssituation verhilft uns zu jenen Erfahrungen, die für unsere eigentliche Entwicklung notwendig sind. Krankheit und Leid aber sind die Folge von Konflikten zwischen der Persönlichkeit und der Seele; sie bedeuten, dass unser äußeres und bewusstes Leben nicht unseren eigentlichen inneren und seelischen Bedürfnissen entspricht."* [2]

*Bach*'s "Höheres Selbst" ist die angeborene, natürliche und individuelle - in gewissem Sinne auch die genetische - Vorgabe bezüglich unserer körperlichen und seelischen Selbstverwirklichung (das, was eigentlich aus uns werden soll), und die "Persönlichkeit" entspricht unserem momentan vorhandenen Bewusstsein sowie unserer aktuellen Gesamtverfassung (das, was wir geworden sind).

Gesundung und Heilung erfordern demnach eine klare und ehrliche Selbsterkenntnis, eine Besinnung auf die möglichen Fehler sowie eine innere Kehrtwendung (die immer eine äußere nach sich zieht).

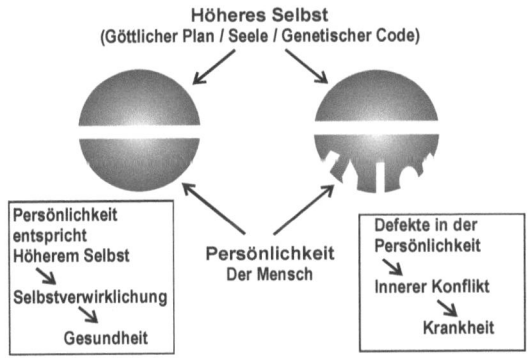

Für *Bach* waren Krankheit und Leiden weder Grausamkeit noch Strafe. Vielmehr betrachtete er sie als ein Mittel, mit dessen Hilfe unsere Seele uns auf

---

[2]  Näheres hierzu in "Blumen, die durch die Seele heilen" von Dr. Edward Bach, Hugendubel Verlag, aus dem diese und die folgenden Zitate stammen.

unsere eigenen Fehler hinweist, um uns vor noch größeren Schäden zu bewahren und uns auf den richtigen Weg zurückzubringen.

Als mit Bewusstheit begabte Wesen sind wir bis zu einem gewissen Grade für unser Wohlbefinden und unsere Gesundheit verantwortlich. Wir dürfen nicht, wie es sich als Folge der unpersönlich wirkenden und gewaltsam manipulierenden Therapien der offiziellen Medizin eingebürgert hat, so tun, als hätten wir mit unserer Krankheit nichts zu tun und als sei es die einklagbare Pflicht der Ärzte, sie zu beseitigen. Vielmehr geht es darum, die Krankheit - wenn wir sie uns schon durch Unwissenheit, Unachtsamkeit oder Übermut zugezogen haben, - als Mahnung und Ansporn zu mehr Bewusstheit, Ehrlichkeit, Freundlichkeit oder Lebensfreude zu betrachten, ohne die es keine Gesundheit geben kann. Frustration, Unzufriedenheit, Schmerzen, Depressionen, Leiden aber zeigen uns, dass etwas schief gegangen ist und wir jene ureigene innere Einheit verloren haben, aus der Wohlbefinden und Gesundheit entspringen.

Diese Erkenntnis ist der Punkt, auf den es bei der Überwindung von Krankheiten ankommt, denn sie gibt uns nicht nur eine Einsicht mit negativem, sondern auch eine mit positivem Inhalt: genau so, wie das Leid uns auf unsere Fehler hinweist, so beweisen uns Freude und Wohlbefinden, dass wir auf dem richtigen Weg sind. (Diese Feststellung muss allerdings richtig verstanden werden, denn es gibt ja unterschiedliche Qualitäten der Freude: ihre Palette reicht von der kleinen, oberflächlichen Ablenkung, dem flüchtigen Spaß, der Ersatzbefriedigung, der Spielerei, der momentanen Lust bis zu jener tiefen Freude, die uns durch und durch mit Vertrauen erfüllt, die uns Kraft und unserem Leben einen tragenden Sinn gibt.)

Was uns als Krankheit erscheint, ist das im körperlichen Bereich erkennbare Endergebnis zerstörerischer Kräfte. Diese wirken vor allem in und aus der Psyche, sind aber - besonders bei der allgemein üblichen oberflächlichen Betrachtung - oft nicht zu erkennen. Wie soll zum Beispiel ein Schlaganfall seelisch bedingt sein? Er hat angeblich eine rein organische Ursache, denn er ist entweder die Folge einer Blutung oder eines Gefäßverschlusses im Gehirn. Tatsächlich aber ist diese Begründung, obwohl sie sachlich zutrifft, zu oberflächlich. Die tiefere und eigentliche Ursache nämlich liegt in einer über lange Zeit bestehenden psychischen Fehlhaltung, die viele Ausdrucksformen haben kann. Meist geht sie mit krankhaften Emotionen wie Gier, Ehrgeiz, Wut, Sorge oder Angst einher, die mit der Zeit die organischen Veränderungen (z.B. durch lang dauernden Bluthochdruck) hervorrufen. So ist der Schlaganfall vordergründig zwar ein körperliches Problem, tatsächlich aber Folge und Ausdruck einer psychischen Schwäche oder Störung und ließe sich durch eine psychische Sanierung - Entspannung, Zufriedenheit, Großzügigkeit, Freundlichkeit - vermeiden.

Unter diesem Aspekt ergibt sich ein Therapie-Ansatz, der sich wesentlich von dem der offiziellen Medizin unterscheidet. Er heißt: "Die Krankheit über die Seele heilen" und bedeutet, dass die eigentlichen Ursachen und nicht nur die Folgen behandelt werden. Wenn Krankheit die Folge selbstschädigenden Verhaltens, neurotischer Selbstvergewaltigung, psychischer Konflikte oder seelischer Verletzungen ist, so muss ja die Heilung darin bestehen, den Konflikt zu lösen, den Fehler zu korrigieren und die innere Einheit wiederherzustellen.

Der offiziellen Medizin fehlt weitgehend diese Einsicht. Weil sie sich fast nur für den materiellen Zustand des Menschen interessiert, kann sie ihm auch nur in dieser Hinsicht helfen. *Bach*, der ursprünglich ein angesehener "normaler" Arzt war und daher auch Einblick in die Möglichkeiten der offiziellen, allopathischen Medizin hatte, ist zu ihrem kompromisslosen Kritiker geworden, weil sie sich fast nur für den materialistischen und körperlichen Aspekt der Krankheit interessiert.

*"Krankheit ist in ihrer Ursache nicht materialistisch"* sagte er. *"Was wir als Krankheit kennen, ist das letzte Stadium einer sehr viel tiefer liegenden Unordnung, und natürlich kann die Behandlung keinen wirklichen Erfolg haben, wenn man sich nur mit dem Endergebnis beschäftigt, statt die eigentliche Ursache zu beseitigen..."*

Wirkliche Heilung war für ihn die Wiederherstellung der Harmonie zwischen innen und außen, zwischen "Höherem Selbst" und "Persönlichkeit", wobei auch die organischen Beschwerden nicht vernachlassigt werden und der Körper das bekommt, was er zur Genesung braucht.

Die Bach-Blüten-Therapie kommt diesem Ideal sehr nahe. Mit Hilfe spezieller, primär auf die Psyche einwirkender Mittel korrigiert sie die krankmachenden psychischen Störungen, Fehlhaltungen und Persönlichkeitsdefizite. Sie wirkt nicht gewaltsam und willkürlich, sondern sanft und natürlich, weshalb ihre Wirkung nie als medikamentöser Eingriff oder medizinische Manipulation empfunden wird. Vielmehr hat man das Gefühl einer inneren Befreiung oder Normalisierung, zu der man selbst das Wesentliche beigetragen hat. Gibt es ein idealeres Kriterium für eine effektive, sanfte und menschenwürdige Heilweise?

*Dr. Bach* hatte genial erkannt, dass die Kräfte bestimmter Blüten auf solche negativen Seelenzustände positiv einwirken können, und fand in jahrelanger

Forschung 38 Blumen und Bäume, deren Blüten eine ganz spezielle Heilwirkung besitzen.

Er stellte aus ihnen Essenzen her, indem er die *frisch gepflückten* Blüten an einem wolkenlosen, sonnigen Tag bei zunehmendem Mond einfach in einer Schüssel mit Quellwasser einige Stunden in die Sonne stellte oder indem er sie eine halbe Stunde kochte und das so gewonnene Blütenwasser verdünnte und mit Alkohol konservierte. Diese Essenzen sind die so genannten "Bach-Blüten". Sie können psychische Ausnahmezustände und Störungen beheben und damit auch die von ihnen verursachten körperlichen Krankheiten überwinden. Das nennt man „den Körper über die Seele heilen".

Die Bach-Blüten-Therapie kann aber noch mehr: indem sie bei den üblichen Alltagsproblemen, die mit einem gestörten Gemütszustand (zum Beispiel Wut, Angst oder Unruhe) einhergehen, die Psyche wieder in einen ausgeglichenen Zustand versetzt, verhindert sie die Entwicklung schwererer Krankheiten. So ist sie eine Art guter Geist, der immer zu helfen bereit ist, wenn man ihn beim richtigen Namen ruft, das heißt: das richtige Mittel auswählt. Sie kann uns vor Unheil bewahren, uns fähig machen, alltägliche Probleme und Konflikte zu lösen, und uns insgesamt positiver stimmen. Dass diese Behauptung nicht aus der Luft gegriffen ist, beweisen die oft spektakulären Besserungen und Heilungen, die unzählige Menschen in aller Welt seit über 80 Jahren mit den Bachschen Blütenessenzen erreicht haben.

Die Krönung der Bach-Blüten-Therapie liegt aber darin, dass man mit ihr auch - ganz unabhängig von irgendwelchen Krankheiten - positiv auf die Persönlichkeit und den Charakter einwirken kann. Besonders wichtig ist dies bei Kindern, damit sie trotz den vielen schädigenden Einflüssen, denen sie ausgesetzt sind, ein gesundes Seelenleben behalten und einen guten Start ins Leben schaffen. Denn wenn ein Kind zum Beispiel unter Minderwertigkeitskomplexen leidet, wird es nur einen Lebensweg zweiter Klasse einschlagen, wenn es zu ängstlich und unterwürfig ist, wird es auch als Erwachsener ein Aschenputtel-Dasein führen, oder wenn es zu rebellisch ist, wird es in seinem späteren Leben überall anecken.

So kann die Bach-Blüten-Therapie, wenn sie rechtzeitig eingesetzt wird, einen wahrhaft segensreichen Effekt auf das Leben des heranwachsenden Menschen ausüben. Weil sich hierbei das gesamte Lebenskonzept und die äußeren Lebensumstände positiv verändern, kann man dies auch als „Lebenssanierung" bezeichnen.

Auch die meisten Erwachsenen brauchen diese Hilfe. Besitzen Sie vielleicht einen reizbaren Charakter, der Ihnen immer wieder Probleme bereitet, oder neigen Sie dazu, sich ständig durch zu viele Sorgen selbst zu tyrannisieren, sind Sie von Natur aus sehr ängstlich, so dass Sie viele Chancen ungenützt verstreichen lassen, oder leiden Sie oft unter Schuldgefühlen und Selbstvorwürfen? Wenn ja, dann wissen Sie genau, dass diese Eigenschaften und Verhaltensweisen der Grund dafür sind, dass Ihr Leben nicht so verläuft, wie Sie es sich eigentlich wünschen, und dass darin zu wenig Freude herrscht.

Sie meinen, dagegen könne man nichts tun, das sei nun einmal Ihr Schicksal? Versuchen Sie es doch einmal mit Bach-Blüten und Sie werden erstaunt sein, wie positiv sich Ihr Charakter verändern kann - und mit ihm Ihr ganzes Leben. Denn die äußeren Umstände sind immer nur die Folge der inneren Zustände, und jeder Mensch gestaltet sein Leben entsprechend seinem Seelenzustand. Schaffen Sie Harmonie in Ihrem Inneren, dann wird sie sich auch im Äußeren einstellen.

## Die Herstellung der Bach-Mittel

(Die folgende Anleitung ist hauptsächlich zur Information bestimmt. Da die Herstellung spezielle Erfahrung und Fingerspitzengefühl erfordert, ist es sicherer, die original englischen Bach-Blütenessenzen zu verwenden. Heute gibt es zwei renommierte Hersteller: die Firma Bach Flower Remedies (Nelson) mit den „Bach Original Flower Remedies" und die Firma Julian Barnard mit den „Healing Herbs".

Die Herstellung erfolgt nach zwei Verfahren: der "Sonnen-Methode" und der "Koch-Methode".

### Die Sonnen-Methode:

Hiermit werden hergestellt: *Agrimony, Centaury, Cerato, Chicory, Clematis, Gentian, Gorse, Heather, Impatiens, Mimulus, Oak, Olive, Rock Rose, Scleranthus, Vervain, Vine, Water Violet, White Chestnut, Wild Oat. (Besonderheit: Rock Water: Wasser das einfach in die Sonne gestellt wird.)*

Die voll entfalteten Blüten vor neun Uhr morgens an einem *sonnigen, wolkenlosen* Tag vorsichtig pflücken und in eine flache, breite und absolut saubere Glasschüssel, die mit unbehandeltem Quellwasser - möglichst aus der Umgebung - gefüllt ist, geben. Die Blüten sollen auf dem Wasser schwimmen, die Stiele nach unten zeigen. Die Oberfläche soll ganz von Blüten bedeckt sein. Die Schüssel bleibt in der prallen Sonne stehen. Wenn die Blüten (nach ca. 3

Stunden) zu welken beginnen, werden sie vorsichtig entfernt und das imprägnierte Wasser mit der gleichen Menge 40 % Alkohols (Brandy) konserviert und später nochmals im Verhältnis 1 : ca. 400 verdünnt. Dies ergibt die in den Apotheken erhältliche Grund-Essenz („*stock-bottle*"), die dann in dieser Form genommen oder noch weiter verdünnt wird.

### Die Koch-Methode:

Hiermit werden hergestellt: *Aspen, Beech, Cherry Plum, Chestnut Bud, Crab Apple, Elm, Holly, Honeysuckle, Hornbeam, Larch, Mustard, Pine, Red Chestnut, Star of Bethlehem, Sweet Chestnut, Walnut, Wild Rose, Willow.*

An einem sonnigen, wolkenlosen Tag vor neun Uhr morgens einen Emailletopf zu drei Vierteln mit Blüten, Stielen und Blättern füllen, mit ca. 1 Liter Quellwasser übergießen und eine halbe Stunde sieden lassen. Wenn die Flüssigkeit abgekühlt ist, wird sie gefiltert und wie oben angegeben weiter verarbeitet.

## Die Wirkung der Bach-Mittel

Der Heileffekt der Bach-Mittel ist ausgesprochen sanft und organisch. Meist führt man den positiven Effekt einer Bach-Blüten-Therapie gar nicht auf diese zurück, sondern hat das Gefühl, man hätte sich aus eigener Kraft so positiv verändert. Es empfiehlt sich deshalb, die zu behandelnde Symptomatik vor der Therapie schriftlich festzuhalten, um eine Verlaufs-Kontrolle zu haben.

Aufgrund ihrer natürlichen Wirkungsweise könnte man die Bach-Mittel auch als *Vitamine für die Seele* bezeichnen, weil sie den Organismus nicht gewaltsam verändern, sondern ihm - genau wie die stofflichen Vitamine - das geben, was er braucht, um optimal und natürlich funktionieren zu können.

## Dosierung und Einnahme der Bach-Mittel

*Grundsätzlich gilt: Wenn eine offensichtlich gut gewählte Mischung nicht die erwartete Wirkung hat, sollten Dosis und die Einnahmehäufigkeit erhöht werden.*

Es gibt vier Möglichkeiten, die Mittel einzunehmen:

### Die Wasserglas-Methode

*Diese Einnahmeform hat sich als Standard-Methode bei allen akuten und deutlichen Beschwerden oder Störungen durchgesetzt, da man die*

Einnahmefrequenz an die Stärke der Beschwerden anpassen und außerdem die Mittel-Kombination bei Bedarf täglich ändern kann.

Man gibt (je nach der Stärke der Beschwerden) von jedem der ausgewählten Mittel täglich 1 - 3 - 5 Tropfen in ein Glas Wasser (möglichst abgekocht oder Quellwasser), das man im Laufe des Tages schluckweise austrinkt. Statt eines Glases kann man auch eine mit Wasser gefüllte Flasche nehmen, aus der man von Zeit zu Zeit einen kleinen Schluck nimmt. Dies ist praktisch, wenn man viel unterwegs ist.

Bei starken Beschwerden nimmt man anfangs viertel- oder halbstündlich einen Schluck. Sobald eine Besserung eintritt, reduziert man die Einnahme schrittweise bis auf ca. 5 Schlucke täglich. Dabei richtet man sich immer nach dem Behandlungserfolg. Falls mit dieser Methode kein Erfolg eintritt, ist die Direkt-Einnahme zu empfehlen.

### Direkt-Einnahme

*Sie empfiehlt sich vor allem zur Persönlichkeitsentwicklung und Langzeittherapie, da man die Mittel, die man sich z.B. auf den Nachttisch stellt, täglich ohne besonderen Aufwand direkt aus der Flasche nehmen kann (oder evtl. auf einen Teelöffel mit etwas Wasser). Aber auch bei besonders starken Störungen - wenn die Wasserglasmethode nicht den gewünschten Erfolg bringt - kann man die Mittel häufig (z.B. stündlich) und über mehrere Tage hinweg direkt aus der Flasche auf die Zunge tropfen.*

Man tropft von dem Mittel aus der Original-Flasche direkt auf die Zunge.

Für die Persönlichkeitsentwicklung genügen normalerweise je 1- 2 Tropfen 1 - 2mal täglich (morgens/abends) von jedem der ausgewählten Mittel.

Bei sehr akuten Beschwerden oder in Not-Situationen (z.B. Unfälle) hat sich die ununterbrochene Einnahme bewährt: alle 10 - 30 - 60 Minuten *bis zur Besserung*, evtl. tagelang, 1 - 2 Tropfen.

### Unverdünnte Mischungen

*Sie sind nützlich, wenn die Kombination für eine gewisse Zeit feststeht oder wenn man viel unterwegs ist. Solche Mischungen sollten anfangs nur für ungefähr eine Woche hergestellt werden, damit man sie bei Besserung korrigieren kann.*

Man mischt von jedem ausgewählten Mittel 1 – 2 – 3 ml unverdünnt zusammen und nimmt von dieser Mischung täglich 3 – 5 mal (bei akuten Beschwerden noch öfter) 3 – 5 Tropfen ein – am besten mit etwas Wasser.

### Verdünnte Mischungen

*Dies ist die klassische Einnahmemethode, die immer noch vorrangig in vielen Büchern empfohlen wird. Die verdünnten Mischungen sind vor allem bei sehr sensiblen Menschen und Kindern nützlich, haben aber im Übrigen oft keine genügende Wirkung. In diesem Falle empfiehlt es sich, zur Wasserglas-Methode überzugehen. Die Erfahrung hat gezeigt, dass die Mittel besser wirken, wenn man sie nicht zu sehr verdünnt bzw. wenn man sie häufiger und massiver einnimmt.*

Man fertigt eine Verdünnung an: von jedem Mittel 1 - 2 (noch besser: 5) Tropfen auf 10 ml Wasser (also 15 Tropfen auf 30 ml), das man mit Alkohol (evtl. auch hochwertigen Schnaps, Wodka, Gin o.ä.) haltbar macht. (Der Gesamtalkoholgehalt sollte bei ca. 10% liegen.) Im Kühlschrank hält sich die Mischung auch ohne Alkohol ungefähr eine Woche.

Flaschen und Pipetten gibt es in jeder Apotheke, wo man sich übrigens auch die Mischung anfertigen lassen kann.

Von dieser verdünnten Mischung nimmt man bei akuten Störungen oder Beschwerden täglich 4 mal 4 Tropfen (evtl. auch mehr - ausprobieren!).

### Das Notfall-Mittel (Rescue Remedy)

Alle 5 - 10 Minuten 2 - 3 Tropfen direkt auf die Zunge (bei Bewusstlosigkeit auf die Lippen oder in den Mund) geben, bis eine Besserung eintritt. Falls die kritische Situation (z.B. nach einem Unfall) länger anhält, nimmt oder gibt man - wenn möglich und bei Bedarf tagelang - jede Stunde 1 - 3 Tropfen. Bei örtlichen Beschwerden (z.B. Verletzungen, Schmerzen) kann man einige Tropfen auf und um die betroffene Körperpartie geben und sanft verreiben, wobei man gleichzeitig 1 - 2 Tropfen einnimmt. Bei offenen Wunden oder Verbrennungen verteilt man einige Tropfen *um die Wunde herum* oder legt einen mit verdünntem Notfallmittel getränkten Verband auf.

### Bei Alkoholproblemen

kann man sich alkoholfreie Zuckerkügelchen, wie sie in der Homöopathie üblich sind, herstellen oder in der Apotheke anfertigen lassen. Dazu streut man eine gewisse Menge „arzneiloser Globuli" (in der Apotheke erhältlich) so auf ein sauberes, saugfähiges Papier, dass sie eng aneinander liegen. Darauf tropft man einige Tropfen des ausgewählten Mittels (aus der stock bottle) oder der geeigneten Blütenmischung, die sich daraufhin blitzschnell auf alle Globuli verteilen. Das Papier nimmt die überschüssige Flüssigkeit auf. Nun lässt man die

Kügelchen trocknen und trennt sie von einander mit der flachen Hand, falls sie zusammengebacken sind.

Diese Herstellungsweise ist ein Kompromiss: die Wirkung scheint nicht ganz so intensiv wie bei den Tropfen zu sein, dennoch sind diese Mittel immer noch besser als gar nichts.

Man lässt mehrmals am Tag 10 Kügelchen im Mund zergehen. Bei ungenügender Wirkung wird die Dosis und Einnahmehäufigkeit erhöht.

Evtl. kann man die Mittel auch einfach auf ein Stück Zucker träufeln und warten, bis es getrocknet ist.

Gesunde Kinder, auch wenn sie sehr klein sind, haben übrigens normalerweise keine Probleme mit der normalen Einnahme der Mittel, denn die Alkoholmenge ist dabei äußerst gering.

Die BBT kann mit jeder anderen Therapie - auch einer schulmedizinischen und homöopathischen - kombiniert werden. Beim gleichzeitigen Einsatz von homöopathischen Einzelmitteln empfiehlt es sich aber, eine zeitliche Distanz einzuhalten, damit besser unterschieden werden kann, welche Therapie wirksam war.

## Einnahmedauer

Die Therapie sollte individuell und aktuell sein, d.h. genau auf die *persönliche Veranlagung* und auf die *momentane Verfassung* abgestimmt. Die Mittel-Kombination muss also immer dem tatsächlich vorherrschenden Zustand entsprechen.

### Kontrolle des therapeutischen Erfolges

- bei akuten Störungen / Beschwerden nach 1 - 3 Tagen
- bei chronischen Störungen / Beschwerden nach 3 - 4 Wochen
- bei der Persönlichkeitsentwicklung nach 1 - 3 Monaten.

Wenn sich eine Besserung feststellen lässt, nimmt man die Mittel so lange weiter, bis es keinen Fortschritt mehr gibt, bzw. bis die Beschwerden abgeklungen sind. Dann bestimmt man die Kombination neu.

Tritt keine Besserung ein, muss die Situation bzw. das Problem erneut analysiert und die Mischung korrigiert werden. Manchmal ist es nur ein einziges Mittel, das noch fehlt, um den Heilungsprozess in Gang zu bringen.

Bei der Behandlung akuter Beschwerden muss man oft schon nach wenigen Tagen die Kombination korrigieren, weil sich die Situation und die Symptome geändert haben. Deshalb eignen sich hierfür Mischungen, die für mehrere Wochen bestimmt sind, nicht so gut.

Dagegen werden bei grundlegenden Charakterproblemen und zur Persönlichkeitsentwicklung die entsprechenden Mittel oft monate- bis jahrelang gegeben (evtl. mit vorübergehender Unterbrechung, wenn zwischenzeitlich eine akute Störung auftritt, die dann vorrangig behandelt werden muss). Bei dieser Therapie sollte eine Besserung nach spätestens 4 Wochen erkennbar sein. Sie äußert sich hier allerdings meist zunächst nur in kleinen Fortschritten.

## Die Grenzen der Bach-Blüten-Therapie

*Bitte beachten Sie:* Wenn Sie mit der Bach-Blüten-Therapie keine Besserung erzielen oder die Situation nicht klar beurteilen können, sollten Sie unbedingt den Rat eines/r erfahrenen Therapeuten/in einholen.

Keine Therapie - auch die Bach-Blüten-Therapie nicht - kann jede Krankheit heilen. Je nach Situation kann auch eine andere Therapie besser geeignet sein. Zum Beispiel sind Beschwerden und Krankheitssymptome, die sich überwiegend auf den körperlichen Bereich erstrecken, oft schneller mit homöopathischen Mitteln zu heilen, und in Notfallsituationen muss man meist die allopathische Schulmedizin einsetzen, die vor allem hierfür entwickelt wurde.

Eine gleichzeitige Einnahme von Bach-Mitteln ist aber immer zu empfehlen, selbst bei schweren Medikamenten (wie z.B. Cortison, Antibiotika oder Chemotherapeutika), weil man damit echte Heilungsimpulse setzt.

# Die Bach-Blüten-Therapie heute

In den letzten Jahrzehnten wurde die BBT ständig weiterentwickelt und weist heute vier klar umrissene Einsatzmöglichkeiten auf:

## I. Die Hilfe bei psychischen Problemen oder Störungen

Zur Überwindung unangenehmer psychischer Zustände im Alltag – wie Heimweh, Niedergeschlagenheit, Wut, Sorge, Unruhe, Ängstlichkeit, Kontaktschwierigkeiten, Verbitterung, Minderwertigkeitsgefühle usw. - wird die BBT am häufigsten eingesetzt.

Hierbei stellt man eine Kombination zusammen, die möglichst *alle Aspekte* des *momentanen* Gemütszustands berücksichtigt.

(Ausführlichere Informationen im Kapitel „Die Auswahl der geeigneten Mittel").

*Beispiel:* Sie machen sich Sorgen um Ihr Kind; wenn Sie dafür nur das wichtigste Mittel, nämlich *Red Chestnut*, nehmen würden, wäre die daraufhin eintretende Besserung Ihres Gemütszustandes zwar schon erfreulich, aber noch nicht ausreichend, weil Sie die anderen Aspekte des Problems nicht berücksichtigt hätten. Denn bei genauer Beobachtung würden Sie zum Beispiel erkennen, dass Sie gleichzeitig auch Angst haben (*Mimulus*), sehr unruhig sind (*Impatiens)* und dass die Sorge Ihr ganzes Denken blockiert (*White Chestnut*). Die Kombination aus allen vier Mitteln wäre natürlich wirksamer, als wenn Sie *Red Chestnut* allein nehmen würden.

## II. Die Behandlung von Krankheiten.

Es empfiehlt sich, bei körperlichen Krankheiten zusätzlich zur ärztlichen Therapie Bach-Blüten zu nehmen oder zu geben, um die Heilungschancen zu erhöhen. Denn fast immer besteht ein Zusammenhang mit einer/m psychischen Störung/Problem, die/das überwunden werden muss.

Ursprünglich hat *Dr. Bach* seine Therapie hierfür entwickelt und mit großem Erfolg praktiziert. Dabei orientierte er sich

a) am vorherrschenden psychischen Zustand

b) daran, wie die Patienten auf ihre Krankheit reagierten.

(Ausführlichere Informationen im Kapitel „Die Auswahl der geeigneten Mittel").

**1. Beispiel**: Durch die Krankheit ist man depressiv (*Mustard* oder *Gentian*) oder aggressiv (Holly) geworden.

**2. Beispiel**: Man empfindet die Krankheit als Strafe (*Pine*) oder man verdrängt sie einfach (*Agrimony*).

### III. Die Verbesserung des Charakters oder die Entwicklung der Persönlichkeit

Dieser Einsatzbereich ist besonders wichtig, weil die Charakter- und Persönlichkeitsprobleme eines Menschen gleichzeitig seine psychischen Schwachpunkte sind.

Die Charakter- bzw. Persönlichkeitstherapie

a) erhöht das allgemeine Wohlbefinden,

b) bedeutet eine Prophylaxe gegen Krankheiten aller Art,

c) bewirkt eine positive Änderung des ganzen Lebens („Lebenssanierung").

(Ausführlichere Informationen im Kapitel „Auswahl der geeigneten Mittel").

**Beispiel:** Ein übertriebenes Liebesbedürfnis (*Chicory*), starke Ängstlichkeit (*Mimulus*), starke Minderwertigkeitsgefühle (*Larch*), extreme Freiheitsliebe (*Water Violet*) oder eine zwanghafte Moral (*Pine*) usw. lassen sich bei geduldiger Behandlung auf ein harmonisches "Normalmaß" reduzieren. Dabei wird nicht nur der ganze Mensch innerlich harmonischer, sondern er kann auch sein äußeres Leben besser gestalten.

### IV. Die Lösung spezieller Probleme bzw. die Verwirklichung eines therapeutischen Zieles.

Um ein bestimmtes Problem (z.B. in der Partnerschaft oder im Berufsleben) zu lösen oder ein Ziel zu erreichen, behandelt man einfach jene problematischen Charaktereigenschaften, durch die man in die Schwierigkeit geraten ist oder die es einem unmöglich machen, das gewünschte Ziel zu erreichen. Es gibt keine andere Therapie, die dies in einer solch direkten und klaren Form kann.

(Ausführlichere Informationen im Kapitel „Die Auswahl der geeigneten Mittel").

**Beispiel:** Man muss eine Prüfung absolvieren und fürchtet, sie nicht zu bestehen. Hierfür behandelt man jene Eigenschaften, die einem Erfolg im Wege stehen: zum Beispiel *Mimulus* (Angst) und *Hornbeam* (Überforderungsgefühl), *Cherry Plum* (Aufregung), *Rock Rose* (black-out, Panik), *Larch* (Mangel an Selbstvertrauen), *Gentian* (schnelle Entmutigung), *Scleranthus* (Konzentrationsschwäche durch Ablenkbarkeit), White Chestnut (Konzentrationsschwäche durch Zwangsgedanken), *Clematis* (Konzentrationsschwäche durch Benommenheit) u.ä.

# Wie Sie dieses Buch verwenden können,
# um die geeigneten Bach-Blüten zu finden.

Es gibt zwei Möglichkeiten:

1. Lesen Sie die folgenden Beschreibungen durch und suchen Sie sich nur eine einzige Blütenessenz, deren Wirkungsprofil genau auf Ihr derzeitiges Problem zutrifft.
   Dies ist bei einfachen Themen möglich, wird aber eher selten praktiziert, weil die Probleme normalerweise sehr komplex sind. Deshalb kann man von sinnvoll zusammengestellten Blütenmischungen mehr Erfolg erwarten (s. unter 2.)

2. Sie stellen eine Mischung aus Blütenessenzen zusammen, in der alle Aspekte Ihres Problems berücksichtigt sind. Das heißt: wir fragen nicht nur nach dem aktuellen Problem, sondern auch nach den genaueren Umständen und der Ursache.
   Dazu bietet Ihnen dieses Buch folgende Auswahlmöglichkeiten:
   - Eine Beschreibung der Einsatzmöglichkeiten der Bach-Mittel.
   - Fünf Fragebögen für die verschiedenen Aspekte der Bach-Mittel.
   - Ein ausführliches Stichwortverzeichnis der Einsatzmöglichkeiten.
   - Eine Tabelle mit den Einsatzmöglichkeiten von Bach-Mitteln bei Krankheiten.
   - Ein Kapitel über die speziellen Möglichkeiten der Bach-Blüten-Therapie bei Beziehungsproblemen.

   Notieren Sie sich diejenigen Mittel, die am besten Ihrem Problem, Ihrem Zustand oder Ihrer Verhaltensweise entsprechen und wählen Sie davon die (momentan) wichtigsten 4 - 6 Mittel aus, die Sie dann entweder einzeln oder in ein Glas Wasser gemischt einnehmen.
   Nach einiger Zeit – wenn sich die Situation geändert hat – stellen Sie eine neue Mischung zusammen und arbeiten sich auf diese Weise Schritt für Schritt durch Ihre Problematik bzw. verbessern Ihren Seelenzustand oder Ihre charakterliche Situation.

# Einsatzmöglichkeiten der Bach-Blüten

### Nr. 1 AGRIMONY (Odermennig)
- Tendenz, Probleme zu verdrängen oder zu überspielen.
- Angst vor der (peinlichen) Wahrheit, vor Auseinandersetzungen und Konflikten.
- Unehrlichkeit und Künstlichkeit.
- Schauspielerei, „Maske", „keep smiling".
- Verlegenheit, Hemmungen.
- Psychische Komplexe. Innere Konflikte durch Verdrängung. Innere Rastlosigkeit und Seelenqual.
- Abhängigkeit von entspannenden Mitteln oder Getränken. Anfälligkeit für Alkohol-, Medikamenten- und Drogenmissbrauch.

### Nr. 2 ASPEN (Zitterpappel)
- Bangigkeit, unheimliche Gefühle.
- Ängstliche Ahnungen, Einbildungen oder Wahnvorstellungen.
- Unerklärliche, plötzlich auftauchende und unbegründete Ängste oder Sorgen.
- Allgemeine Zukunfts- und Lebensangst.
- Irrationale, unbegründete oder plötzliche Panikzustände mit Horror oder Entsetzen.
- Alle *krankhaften Störungen,* die mit ängstlichen Ahnungen oder unerklärlichen Ängsten einhergehen oder davon ausgelöst wurden.

### Nr. 3 BEECH (Rotbuche)
- Einerseits: Spontane Intoleranz, Ablehnung, Kritiksucht, Nörgelei.
- Andererseits: Übertriebene Toleranz und Großzügigkeit, Unfähigkeit, eine kritische Meinung zu äußern, Beschönigungstendenz, künstliche Verständnisbereitschaft, übertriebenes oder krampfhaftes Positiv-Denken.

### Nr. 4 CENTAURY (Tausendgüldenkraut)
- Persönlichkeitsschwäche, Schüchternheit, ungenügende Selbstbehauptungs- und Durchsetzungskraft.
- Übertriebene Gutmütigkeit und Nachgiebigkeit.

- „Aschenputtel"-Syndrom.
- Übertriebener oder „vorauseilender" Gehorsam, Unterwürfigkeit, Servilität.
- Der ewige, gehorsame „Junior" neben dem autoritären „Senior".
- Unnormale Bescheidenheit oder Selbstverleugnung.
- Bereitschaft zu Aufopferung und Verzicht.
- Schlechte, unterwürfige Haltung

## Nr. 5 CERATO (Bleiwurz)
- Unselbständigkeit, Unsicherheit, Ratlosigkeit, Unmündigkeit, in gewissem Sinne auch Instinktlosigkeit, unterentwickelte Selbst-Bewusstheit.

## Nr. 6 CHERRY PLUM (Kirschpflaume)
- Gefühlsprobleme aller Art.
- Übertriebene oder schwer beherrschbare Gefühle, emotionaler Über-druck, hysterisches Verhalten.
- Gefühlskonflikte, Gefühlsnot.
- Gefahr, „auszuflippen" oder durchzudrehen.
- Prä-Psychosen und Psychosen, Besessenheit, Suizidgefahr, Amok-Tendenzen.
- Alle krankhaften Störungen, die durch Gefühlskonflikte hervorgerufen werden.

## Nr. 7 CHESTNUT BUD (Rosskastanienknospen)
- Lernschwäche, Unaufmerksamkeit, Zerstreutheit.
- Ungenügende geistige Reife, ungenügende Lebenserfahrung.
- Geistige Minderentwicklung, Ungeschicktheit.
- Legasthenie.

## Nr. 8 CHICORY (Wegwarte)
- Überfürsorglichkeit, Helfer-Syndrom.
- „Übermutter" und „hilfloses Kind".
- Übertriebenes Bedürfnis nach Gefühlsbeziehungen, krankhafte Anhänglichkeit.
- Starke Begehrlichkeit, Anklammern, Egoismus, Eifersucht, Gefühlsterror, Erpressung.

- Selbst-Aufopferung, Selbstmitleid.
- Alle krankhaften Störungen, die mit unnormal gesteigertem Liebesbedürfnis oder Selbstmitleid einhergehen.

### Nr. 9 CLEMATIS (Weiße Waldrebe, weiße)
- Ungenügendes Interesse an der Realität, die entweder als zu uninteressant oder zu unangenehm empfunden wird.
- Weltfremdheit.
- Unaufmerksamkeit, Konzentrationsstörungen, Vergesslichkeit, Zerstreutheit, Unordentlichkeit, Unzuverlässigkeit.
- Tagträumereien, Illusionen und Phantasien, Leben in der Zukunft, unrealistische Hoffnungen.
- Neigung zu wirklichkeitsverändernden Drogen und Manipulationen.
- Geistige Abwesenheit oder Bewusstseinstrübungen von der Schläfrigkeit oder Benommenheit bis zur Ohnmacht, Absencen .
- Innere Emigration.
- Todessehnsucht, Lebensmüdigkeit.

### Nr. 10 CRAB APPLE (Holzapfel)
- Sauberkeitszwang, Ordnungszwang.
- Ekel, Waschzwang.
- Hypochondrie, Vergiftungsgefühl oder –wahn, übertriebene Furcht vor Ansteckung.
- Kleinlichkeit, Pingeligkeit, Perfektionismus.
- Unselbständigkeit im Sinne von ungenügender Improvisationsfähigkeit, geistige Unbeweglichkeit.
- Alle krankhaften Störungen, die mit übertriebenem Sauberkeits- oder Ordnungsbedürfnis einhergehen oder davon ausgelöst wurden.

### Nr. 11 ELM (Ulme)
- Plötzlich auftretendes Überforderungs- oder Versagensgefühl, drohender Zusammenbruch.
- Leistungskrisen, Mangel an Reserven.
- Momentane oder gewohnheitsmäßige Selbstüberforderung.
- Alle krankhaften Störungen, die mit akutem Überforderungsgefühl einhergehen oder davon ausgelöst wurden.

### Nr. 12 GENTIAN (Bitterer Enzian)

- Willensschwäche, Entmutigung, Mangel an Durchhaltekraft, Verzichtbereitschaft.
- Frustration und Deprimiertheit bei Misserfolgen und Schwierigkeiten (evtl. „reaktive Depression").
- Alle krankhaften Störungen, bei denen eine Rückfalltendenz besteht.

### Nr. 13 GORSE (Stechginster)

- Pessimistische Lebenshaltung.
- Hoffnungslosigkeit, Resignation.
- Schwere Krankheiten mit sehr schlechter Prognose.
- Lebenskrisen, pessimistisch stimmende Probleme.
- Alle krankhaften Störungen, die mit Hoffnungslosigkeit einhergehen.

### Nr. 14 HEATHER (Heidekraut)

- Übertriebene Egozentrik, krankhafte Eigenliebe.
- Angeberei, Eitelkeit, Gefallsucht, Geltungssucht.
- Geschwätzigkeit.
- Aufdringlichkeit, Kontaktsucht, Unfähigkeit, allein zu sein, Einsamkeit.
- Zweifel am eigenen Wert, überkompensierter Minderwertigkeitskomplex.
- Psychisches Trauma oder Krankheit durch Ablehnung, Blamage oder Demütigung (+ Star of Bethlehem).

### Nr. 15 HOLLY (Stechpalme)

- Unfreundlichkeit, Lieblosigkeit, negative oder destruktive Einstellung.
- Ärger, Gereiztheit, Reizbarkeit, Wut, Aggressionen, Hass, Rachsucht.
- Neid, Misstrauen, Eifersucht.
- Alle krankhaften Störungen, die mit auffallender Reizbarkeit oder Aggressionen einhergehen.

### Nr. 16 HONEYSUCKLE (Geißblatt)

- Ungenügendes Interesse an der Gegenwart mit Hinwendung zur Vergangenheit, wehmütige Stimmungslage, nostalgische Lebenshaltung.
- Trauer, Heimweh.

- Alle krankhaften Störungen, die von einem schmerzlichen Verlust ausgelöst wurden (zusammen mit Star of Bethlehem).

### Nr. 17 HORNBEAM (Hainbuche)
- Die Gewohnheit, sich die Zukunft immer schwerer vorzustellen, als sie dann tatsächlich ist.
- Überforderungsgefühle, Arbeitsunlust, Schwächegefühle, mentale Leistungsschwäche, mentaler Leistungsstress.
- Pessimismus, Schwarzseherei.
- Flucht in die Krankheit.
- Alle krankhaften Störungen, die mit dauernden Überforderungsgefühlen einhergehen.

### Nr. 18 IMPATIENS (drüsentragendes Springkraut)
- Ungeduld, Unruhe, Nervosität, Getriebenheit, Eile, Unrast, Hetzerei.
- Nervöse Gespanntheit vor wichtigen Terminen, Hektik bei Zeitdruck, Oberflächlichkeit durch Hetzerei, schlechter Rhythmus im Alltag.
- Juckreiz, Kribbeligkeit.
- Schmerzen mit Unruhe.
- Alle krankhaften Störungen, die mit deutlicher Unruhe oder Nervosität einhergehen.

### Nr. 19 LARCH (Lärche)
- Ungenügendes Selbstvertrauen oder Selbstbewusstsein, Schüchternheit.
- Ungenügendes Zutrauen in die eigenen Fähigkeiten.
- Eigenwertprobleme, Minderwertigkeitsgefühle und –komplexe.
- Neigung zu unnötigem Verzicht und falscher Bescheidenheit.
- Bei allen krankhaften Störungen, die von einem Eigenwertkonflikt ausgelöst wurden oder die als Makel empfunden werden.

### Nr. 20 MIMULUS (Gefleckte Gauklerblume)
- Furcht, Angst in bestimmten Situationen.
- Generelle Ängstlichkeit, Neigung, sich schnell oder übertrieben zu fürchten.
- Zaghaftigkeit, Schüchternheit, leise Stimme, eingezogenes Genick.

- Bei allen krankhaften Störungen, die mit Angst oder Furcht (bestimmten Ängsten) einhergehen oder davon ausgelöst wurden.

### Nr. 21 MUSTARD (Ackersenf)
- Schlechte Laune, trübe Stimmung, Unlust, Verstimmungen jeder Art, Freudlosigkeit, Schwermütigkeit, Niedergeschlagenheit, Traurigkeit, Weltschmerz.
- „Endogene", grundlose, unerklärliche Depression.
- Alle krankhaften Störungen, die mit starker Schwermütigkeit oder Depression einhergehen.

### Nr. 22 OAK (Eiche)
- Verbissenheit, Anspannung, Stress.
- Sturheit, Kompromisslosigkeit, Unnachgiebigkeit, geistige Unbeweglichkeit, Fanatismus, Pflichtzwang.

### Nr. 23 OLIVE (Olive)
- Allgemeine Schwäche, verringerte Leistungsfähigkeit.
- Körperliche und/oder seelische Erschöpfungszustände.
- Alle krankhaften Störungen, die von sehr starker Erschöpfung begleitet werden.

### Nr. 24 PINE (Kiefer)
- Schlechtes Gewissen, Gewissensbisse, Skrupel, Schuldgefühle.
- Angst vor Strafe oder Unheil mit Straffunktion.
- Moralische Zwänge.
- Übertriebene Schamhaftigkeit.
- Selbstverurteilung, moralische Selbstablehnung.
- Angst vor autoritären Persönlichkeiten und Instanzen.
- Krankhafter Perfektionismus (aus Furcht vor Kritik).
- Moralisch bedingte Sexualprobleme.
- Alle krankhaften Störungen, die mit starken Schuldgefühlen einhergehen oder davon ausgelöst wurden.

### Nr. 25 RED CHESTNUT (Rote Kastanie)

- Übertriebene oder krank machende Sorgen, die man sich um andere macht.
- Angst um andere Menschen.
- Übertriebenes oder krank machendes Mitleid.

### Nr. 26 ROCK ROSE (Gelbes Sonnenröschen)

- Panische Angst, Panikzustände, Schrecken, plötzliche Hoffnungslosigkeit.
- Kopflosigkeit, Verlust der Geistesgegenwart oder des Überblicks.
- „Leerer Kopf" (blackout) bei Prüfungen.
- Allgemeine Tendenz, mit Panik zu reagieren. Schreckhaftigkeit.
- Alle krankhaften Störungen, die mit Panikzuständen einhergehen oder durch sie ausgelöst wurden.

### Nr. 27 ROCK WATER (Wasser aus einer Heilquelle)

- Zu starke Selbstdisziplin, Selbstbeherrschung oder Selbstkontrolle, evtl. mit dem dringenden Wunsch, anderen ein Vorbild zu sein.
- Selbst auferlegter Verzicht, Strenge gegen sich selbst, Freudlosigkeit, Zwanghaftigkeit.
- Selbstkasteiung, Selbstvergewaltigung, Selbstquälerei.

### Nr. 28 SCLERANTHUS (Einjähriger Knäuel)

- Entscheidungsschwäche.
- Inkonsequenz, Unausgeglichenheit, Launen, Zerrissenheit, Sprunghaftigkeit, Ablenkbarkeit, Konzentrationsstörungen.

### Nr. 29 STAR OF BETHLEHEM (Doldiger Milchstern)

- Unverarbeitete psychische oder physische Erschütterungen, Nicht-vergessen-können, Neurosen.
- Verletzungen (Trauma), Schock, Unfallfolgen.
- Kummer, Leiden durch unerträglich erscheinende Lebenssituationen, Alpträume, Trostbedürftigkeit, Untröstlichkeit, Knick in der Lebenslinie.
- Alle krankhaften Störungen, die durch Verletzungen oder seelische Erschütterungen ausgelöst wurden.

### Nr. 30 SWEET CHESTNUT (Edelkastanie)

- Verzweiflung, Ausweglosigkeit
- Nicht-mehr-weiter-Wissen im Großen wie im Kleinen, geistige oder psychische Sackgasse.
- Seelischer Extremzustand, Seelenqual, äußerste Depression, akute Hoffnungslosigkeit, extremes seelisches Leiden.
- Intoleranter Idealismus, blinder Glaubenseifer.

### Nr. 31 VERVAIN (Eisenkraut)

- Weltverbesserei, übertriebener Helferdrang, Missionierungsdrang, Besserwisserei.
- Übertriebene Begeisterung, Aufdringlichkeit, Maßlosigkeit.
- Ungeduld, Stress.

### Nr. 32 VINE (Weinrebe)

- Herumkommandieren, rücksichtsloses Dominanzbedürfnis, diktatorisches Gehabe, Herrschsucht.
- Dogmatismus, Intoleranz, Pedanterie, Besserwisserei, Rechthaberei, Bevormundung, geistige Unbeweglichkeit.

### Nr. 33 WALNUT (Walnuss)

- Starke Beeinflussbarkeit, Labilität, Gutgläubigkeit, Abhängigkeit, Persönlichkeitsschwäche.
- Neubeginn, Lebensumstellung, Geburt, Zahnen, Eintritt in den Kindergarten, Pubertät, Klimakterium, Tod.

### Nr. 34 WATER VIOLET (Sumpfwasserfeder)

- Kontaktprobleme.
- Zurückhaltung, Unnahbarkeit, Verschlossenheit.
- Bindungsangst, übertriebene Einzelgängerei, Menschenscheu, Verfolgungswahn, evtl. Autismus.
- Reserviertheit, Distanziertheit, Arroganz, Stolz, Überheblichkeit, Ablehnung, Verachtung.
- Asoziales Verhalten, Beziehungslosigkeit, Gefühlskälte.
- Zurückhaltung, Einzelgängerei.

## Nr. 35 WHITE CHESTNUT (Rosskastanie)

- Nicht-abschalten-können, Zwangsgedanken, geistige Übererregung, fixe Ideen, Gedankenkarussell.
- Konzentrationsstörungen.

## Nr. 36 WILD OAT (Waldtrespe)

- Unklarheit, Zweifel.
- Sinnlosigkeit, Ziellosigkeit, Selbstentfremdung, Sinn- und Lebenskrisen,
- Frustration oder Depression durch fehlenden Lebenssinn oder durch sinnlose Tätigkeit.

## Nr. 37 WILD ROSE (Heckenrose)

- Antriebslosigkeit, Resignation, Apathie, Interesselosigkeit, Initiativelosigkeit, Lustlosigkeit.

## Nr. 38 WILLLOW (Weide)

- Beleidigtsein, Enttäuschung, Unversöhnlichkeit, Vorwürfe.
- Verbitterung, Groll, Rachsucht.
- Opferrolle, Schicksalshader.

## NOTFALL-MITTEL (RESCUE REMEDY / 5 FLOWER Essenz)

1. Psychische und körperliche Ausnahme- und Notsituationen jeglicher Art. Unfälle, Verletzungen, Verbrennungen, Schmerzen, bei Operationen usw.

# Die 5 Fragebögen

Mit den folgenden Fragebögen können Sie gezielt nach geeigneten Bach-Blüten für bestimmte Problembereiche suchen:

1. **Momentan vorhandene psychische Probleme**
   Diese Mittel werden am häufigsten eingesetzt. Sie beziehen sich auf jene Probleme, die eine eher oberflächliche Bedeutung haben. Mit ihnen kann man eine schnelle Besserung der Stimmung erreichen.

2. **Reaktion auf eine Krankheit**
   Diese Mittel sind sehr wichtig. Unter dem Einfluss von Krankheiten werden bestimmte psychische Eigenschaften deutlich, die eine grundsätzliche Bedeutung haben. Solche Eigenschaften sind unter normalen Bedingungen latent und nicht oder nur schwer erkennbar. Durch den Leidensdruck werden sie aktiviert und weisen dann auf Charakterprobleme hin, die gelöst werden sollten. Indem man diese Mittel auch dann einsetzt, wenn es keine aktuellen Probleme gibt, kann man deren Auftreten prophylaktisch verhindern.

3. **Psychologische Ursachen für ein Problem oder eine Krankheit**
   Es ist wichtig und nützlich, zu erkennen, inwieweit man selbst die Ursache seiner Probleme ist. Da diese krankmachenden Eigenschaften solange vorhanden sind, wie das durch sie verursachte Problem besteht, kann man damit die Heilung bzw. Lösung einleiten.

4. **Typische und auffallende (Charakter-)Eigenarten**
   Für die Selbsterkenntnis, Charaktersanierung und allgemeine Prophylaxe sind diese Mittel wichtig. Sie werden vor allem in jenen Zeiten genommen, in denen keine akuten Probleme bestehen.

5. **Grundsätzliche Eigenarten als Problemursachen und Vorschläge für die Arbeit an sich selbst**
   Die mit diesem Fragebogen gefundenen Eigenschaften bzw. Mittel dienen der Selbstkritik und zeigen damit, in welche Richtung die Arbeit am eigenen Charakter gehen sollte.

Die angebotenen Aussagen beschreiben jeweils verschiedene Aspekte des betreffenden Mittels; es brauchen nicht alle zuzutreffen — eine genügt. Sie können das Wort „ich" (usw.) auch durch „er" oder „sie" oder „das Kind" ersetzen.
Für die Auswertung kann man die Antworten folgendermaßen einteilen:

# 1. Fragebogen

*Wie lässt sich mein momentaner psychischer Zustand oder mein Verhalten charakterisieren? Wie fühle ich mich, wie verhalte ich mich?*

*Diese Mittel werden am häufigsten eingesetzt. Sie beziehen sich auf jene Probleme, die eine eher oberflächliche Bedeutung haben. Mit ihnen kann man eine schnelle Besserung der Stimmung erreichen.*

## Agrimony

- o Obwohl ich leide, gebe ich mich unbeschwert oder gut gelaunt.
- o Ich bin künstlich oder unehrlich. Ich versuche meine Umgebung zu täuschen.
- o Ich will etwas Bestimmtes, das mir unangenehm ist, nicht wahrhaben oder zur Kenntnis nehmen.
- o Ich weiche jedem Konflikt, jeder Auseinandersetzung und jeder unangenehmen Frage aus.
- o Ich verdränge mein(e) Problem(e).
- o Ich will nicht auf meine Schwierigkeiten angesprochen werden.
- o Ich brauche Ablenkungen, Alkohol oder Drogen, um meine persönlichen Probleme ertragen zu können.
- o Ich bin verlegen oder verklemmt.
- o Ich bin sehr verkrampft.

## Aspen

- o Ich leide unter unklaren oder unbegründeten Ängsten.
- o Ich werde von bangen Gefühlen oder Ahnungen gequält.
- o Mir ist so unheimlich zumute.
- o Ich fühle mich irgendwie bedroht.

## Beech

- o Ich bin nörglerisch, kritiksüchtig oder intolerant.
- o Ich vertrage vieles nicht.
- o Ich habe eine starke Abneigung gegen bestimmte Menschen, Pflanzen, Tiere, Dinge usw.
- o Ich gebe mich in einer übertriebenen Weise tolerant und positiv, weil ich nicht intolerant sein will.
- o Ich bemühe mich sehr, alles von seiner positiven Seite zu sehen.

## Centaury

- o Ich bin sehr gehorsam, angepasst oder sogar unterwürfig.
- o Ich lasse mich herumkommandieren und bin beinahe in die Rolle eines braven Schulkindes geraten.
- o Ich lasse mich schlecht behandeln und wage es nicht, mich dagegen zu wehren.
- o Ich lasse mich ausnützen oder erpressen.

## Cerato

- o Ich bin verunsichert, weil ich nicht weiß, wie ich mich verhalten soll.
- o Ich brauche dringend einen guten Rat.
- o Ich bin in die geistige Abhängigkeit von einem anderen Menschen geraten.
- o Ich brauche oder suche jemanden, der mich anleitet und mir sagt, was ich tun soll.

## Cherry Plum

- o Ich werde sehr von meinen Gefühlen gequält.
- o Ich kann mich kaum noch beherrschen.
- o Ich befinde mich kurz vor dem „Ausflippen" oder „Durchdrehen". Ich bin in einem Zustand, in dem ich für nichts mehr garantieren kann.
- o Ich kann mich nicht mehr vernünftig verhalten.
- o Ich fühle in mir den Drang, Selbstmord zu begehen, weil ich das alles nicht mehr aushalte!

## Chestnut Bud

- o Ich bin so unaufmerksam, dass ich mir nichts merken kann.
- o Bei mir geht zur Zeit vieles zum einen Ohr hinein und zum anderen wieder hinaus.

## Chicory

- o Ich bin sehr liebesbedürftig, anhänglich und sogar anklammernd.
- o Ich fühle mich nicht genügend geliebt.
- o Ich möchte, dass meine Lieben immer bei mir sind.
- o Ich bemitleide mich selbst, weil ich nicht genügend geliebt werde oder weil ich etwas, was ich gerne hätte, nicht bekomme.
- o Ich leide unter starker Eifersucht, weil ein geliebter Mensch sich mir entzieht oder weil ich etwas, was mir viel bedeutet, zu verlieren fürchte.

## Clematis

- Was hier und heute geschieht, interessiert mich nicht sehr — ich bin mehr auf die Zukunft ausgerichtet.
- Ich bin wie benebelt oder betäubt.
- Ich komme nicht richtig zu mir.
- Ich bin ziemlich unordentlich oder unkonzentriert, weil ich in Gedanken dauernd woanders bin.
- Ich vernachlässige mich und/oder meine Angelegenheiten.
- Ich träume von besseren Zeiten oder hoffe auf sie.
- Eigentlich sehne ich mich nach dem Tod.

## Crab Apple

- Ich fühle mich unrein.
- Ich habe das Gefühl, irgendwie vergiftet zu sein.
- Ich ekle mich.
- Ich brauche absolute Sauberkeit und/oder Ordnung, sonst gerate ich ganz durcheinander und beginne zu leiden.
- Ich bemühe mich sehr, alles genau durchzuplanen.

## Elm

- Ich fühle mich akut überfordert und fürchte zu versagen.
- Gleich mache ich schlapp!
- Ich kann nicht mehr weiter!

## Gentian

- Ich habe nicht genügend Kraft, um Widerstände zu überwinden.
- Ich bin innerlich darauf eingestellt aufzugeben, wenn nicht alles reibungslos läuft.
- Ich konnte nicht mehr durchhalten, ich habe kapituliert.
- Die Schwierigkeiten, mit denen ich konfrontiert bin, entmutigen mich.
- Ich bin deprimiert, weil die Dinge nicht so laufen, wie ich es gerne hätte, bzw. weil ich keinen Erfolg habe.
- Ich bin deprimiert, weil ich einen Rückfall in meine Krankheit erlitten habe bzw. weil der Heilungsprozess zum Stillstand gekommen ist.

## Gorse

- Ich bin pessimistisch, ich kann nicht an ein gutes Ende glauben.
- Ich habe keine Hoffnung mehr.
- Ich erwarte nichts mehr vom Leben.
- Ich habe das Gefühl, dass demnächst sowieso alles zu Ende ist.

## Heather

- Ich mag nicht allein sein, ich brauche Gesellschaft.
- Ich habe ein sehr ausgeprägtes Bedürfnis, mit anderen Menschen zu reden oder mich mitzuteilen.
- Ich spreche gerne von mir, ich mache auf mich aufmerksam.
- Ich fühle mich abgelehnt oder ausgestoßen.
- Ich bin sehr eitel, ich gebe gerne an.
- Ich habe ein dringendes Bedürfnis nach Lob und Anerkennung.

## Holly

- Ich kann jetzt einfach nicht freundlich sein!
- Ich bin sehr negativ gestimmt (ärgerlich, gereizt, unfreundlich, gehässig, neidisch, eifersüchtig .
- Mich ärgert die Fliege an der Wand.

## Honeysuckle

- Ich bin sehr traurig.
- Ich habe etwas verloren, das mir viel bedeutet hat (einen Menschen, einen Besitz, einen Status, mein Zuhause, ...), und komme nicht darüber hinweg.
- Ich denke voll Wehmut an die vergangenen Zeiten und kann nicht glauben, dass es wieder so schön wie früher werden kann.
- Ich habe starkes Heimweh.
- Ich bin zur Zeit sehr sentimental.

## Hornbeam

- Ich fühle mich (von meinem Leben allgemein oder von einer bestimmten Aufgabe) überfordert.
- Ich bin schon im Voraus gestresst, wenn ich nur an eine bestimmte Arbeit oder Leistung denke.
- Eine bestimmte Aufgabe steht wie ein Berg vor mir.

- Ich würde mich am liebsten drücken vor dem, was mir zu schwer erscheint — zum Beispiel mit Hilfe einer Krankheit.

## Impatiens

- Ich bin sehr ungeduldig und nervös.
- Ich hetze mich selbst und versuche so schnell wie möglich fertig zu werden.
- Ich kann mich nicht auf den Rhythmus langsamer Menschen einstellen.
- Es geht mir alles zu langsam! Ich bin sehr unruhig.
- Ich leide unter Juckreiz.

## Larch

- Ich fühle mich anderen unterlegen.
- Ich halte mich für weniger fähig, wertvoll, schön, intelligent, vornehm ... als andere.
- Ich *bin* nichts und *kann* nichts.
- Ich habe einen Minderwertigkeitskomplex.
- Ich traue mir zu wenig zu, ich zweifle an meinen Fähigkeiten.
- Ich halte mich bescheiden und schüchtern im Hintergrund, weil ich zu wenig Selbstbewusstsein habe.

## Mimulus

- Ich fürchte mich vor etwas oder jemandem.
- Ich bin momentan sehr ängstlich.

## Mustard

- Ich kann mich zur Zeit über nichts freuen.
- Ich bin ausgesprochen lustlos, niedergeschlagen oder schwermütig.
- Ich habe Depressionen und weiß nicht, warum.

## Oak

- Ich habe mich in etwas verbissen und kann nicht mehr loslassen.
- Ich bin zur Zeit ausgesprochen stur, kompromisslos und unnachgiebig.
- Ich bin gestresst, weil ich mich zu sehr in eine Arbeit oder einen Plan verrannt habe.

- o Ich kann jetzt einfach nicht nachgeben oder aufgeben!
- o Ich bin sehr unzufrieden, weil ich in der Ausführung meiner Pläne behindert werde.

## Olive

- o Ich bin sehr müde.
- o Ich bin ausgepumpt und erschöpft.
- o Ich habe keine Kraft für mein tägliches Leben.

## Pine

- o Ich habe ein schlechtes Gewissen.
- o Ich leide sehr unter Schuldgefühlen.
- o Ich fürchte, dass mein Verhalten Strafe oder irgendein Unheil nach sich ziehen wird.
- o Ich mache mir Vorwürfe, ich beschuldige oder verurteile mich selbst.
- o Ich halte mich für schlecht (für eine schlechte Mutter, einen schlechten Vater, einen schlechten Sohn, eine schlechte Tochter, einen schlechten Christen.
- o Ich bin übergenau und perfektionistisch, weil ich nicht kritisiert werden möchte.
- o Ich habe Probleme mit der Sexualität, weil sie mir irgendwie unmoralisch oder unanständig erscheint.

## Red Chestnut

- o Ich mache mir sehr viele Sorgen um das Wohl eines anderen Menschen (mein Kind, meine(n) Partner(in), meine Eltern ...).
- o Ich leide stark darunter, dass es einem bestimmten Menschen (Kind, Partner, Eltern, Patienten ...) oder Tier schlecht geht.

## Rock Rose

- o Ich „rotiere" innerlich, ich befinde mich in Panik.
- o Ich habe die Ruhe und den Überblick verloren.
- o Ich kann auf einmal keinen klaren Gedanken mehr fassen, mein Kopf ist wie leer.
- o Ich leide unter starker, panischer Angst.
- o Ich bin vor Schreck wie erstarrt.

## Rock Water

- Ich bin sehr diszipliniert und/oder beherrsche mich stark.
- Ich bin streng oder hart zu mir selbst.
- Ich gönne mir — wenn überhaupt — nur sehr wenig Vergnügen oder Luxus.
- Ich halte mich genau an die Grenzen, die ich mir gesetzt habe.
- Es fällt mir schwer, mich einfach gehen zu lassen.
- Ich bemühe mich, anderen ein Vorbild zu sein.

## Scleranthus

- Ich bin total unentschieden.
- Ich bin zur Zeit sehr launisch oder innerlich hin- und hergerissen.
- Ich sollte eine Entscheidung treffen und kann es nicht, weil mir einmal dies und ein andermal jenes richtiger erscheint.
- Ich bin momentan zu leicht abzulenken.
- Ich leide unter ständig wechselnden Beschwerden.

## Star of Bethlehem

- Ich bin total schockiert.
- Ich bin seelisch verletzt.
- Ich komme über ein bestimmtes negatives Erlebnis nicht hinweg.
- Ich bin sehr unglücklich über meine derzeitige Lebenssituation.
- Ich leide, weil ich an meinem „wunden Punkt" berührt worden bin.

## Sweet Chestnut

- Ich bin verzweifelt, ich weiß nicht mehr weiter.

## Vervain

- Ich bin momentan überaktiv, ich stehe unter Volldampf.
- Ich bin vor Begeisterung total aus dem Häuschen.
- Ich möchte andere an meinen Erkenntnissen teilhaben lassen.
- Ich habe eine manische Phase.
- Ich bin sehr gestresst, weil ich mich zu stark engagiert habe.
- Ich habe den Drang, ständig irgendwo etwas zu verbessern, und kann es nicht lassen, ungebetene Ratschläge zu geben.

# Vine

- o Ich kann es nicht vertragen, wenn man mir widerspricht oder meine Anordnungen nicht ausführt.
- o Ich muss meinen Willen durchsetzen!
- o Ich muss jetzt einfach die Führung übernehmen.
- o Ich verspüre den Drang, Ordnung zu schaffen und anderen Menschen zu sagen, was sie tun sollen.
- o Ich bin momentan sehr intolerant.

# Walnut

- o Ich lasse mich momentan zu stark beeinflussen.
- o Ich brauche jetzt ein dickeres Fell.
- o Ich bin dabei, mein Leben neu zu gestalten, und brauche dafür Klarheit und Konsequenz.
- o Ich befinde mich momentan in einer wichtigen körperlichen Umstellungsphase (Pubertät, Klimakterium o.ä.).

# Water Violet

- o Ich bin momentan unfähig, neue Kontakte zu knüpfen oder auf andere Menschen zuzugehen.
- o Ich ziehe mich zurück, ich bin verschlossen und/oder schweigsam.
- o Andere Menschen gehen mir auf die Nerven, ich will meine Ruhe.
- o Ich will mir nicht helfen lassen.
- o Ich leide momentan unter einem übermächtigen Freiheitsbedürfnis.
- o Ich fühle mich beengt, bedrängt und/oder verfolgt.

# White Chestnut

- o Ich kann geistig nicht abschalten.
- o Ich werde dauernd von bestimmten unangenehmen Gedanken oder Vorstellungen verfolgt.
- o Ich leide unter Schlafstörungen, weil mein Geist nicht zur Ruhe kommt.
- o Mein Denken kreist — gegen meinen Willen — nur um ein einziges Thema, so dass ich mich auf nichts anderes konzentrieren kann.

## *Wild Oat*

- o Ich bin frustriert oder deprimiert, weil ich nicht weiß, was ich tun soll, oder weil mein Leben keinen richtigen Sinn hat.
- o Ich weiß nicht, was ich tun soll, ich habe kein klares Ziel und kein sinnvolles Konzept.

## *Wild Rose*

- o Ich kann mich einfach zu nichts aufraffen.
- o Das Leben interessiert mich wenig, ich lasse mich einfach treiben.

## *Willow*

- o Ich bin sauer!
- o Ich fühle mich ungerecht behandelt.
- o Ich bin beleidigt oder verbittert.
- o Ich kann nicht verzeihen und vergessen, was mir angetan wurde.
- o Ich kann mich nicht damit abfinden, dass etwas oder alles anders gekommen ist, als ich wollte oder erwartete.
- o Ich hadere mit dem Schicksal.

# 2. Fragebogen

## Wie reagiere ich auf m/eine Krankheit?

*Diese Mittel sind sehr wichtig. Unter dem Einfluss von Krankheiten werden bestimmte psychische Eigenschaften deutlich, die eine grundsätzliche Bedeutung haben. Solche Eigenschaften sind unter normalen Bedingungen latent und nicht oder nur schwer erkennbar. Durch den Leidensdruck werden sie aktiviert und weisen dann auf Charakterprobleme hin, die gelöst werden sollten. Indem man diese Mittel auch dann einsetzt, wenn es keine aktuellen Probleme gibt, kann man deren Auftreten prophylaktisch verhindern.*

## Agrimony

- o Ich tue so, als sei alles in Ordnung, obwohl ich leide.
- o Ich verberge mein Leiden, weil ich nicht darauf angesprochen werden will.
- o Ich verdränge meine Krankheit, ich will sie nicht wahrhaben.

## Aspen

- o Ich befürchte, sehr krank zu sein, ohne es beweisen oder richtig erklären zu können.
- o Ich empfinde meine Krankheit als unheimlich und bedrohlich.

## Beech

- o Ich kann meine Krankheit nicht akzeptieren, weil sie ganz und gar nicht in meine Vorstellungen passt.
- o Ich bemühe mich sehr, in meinem Leiden etwas Positives zu sehen.

## Centaury

- o Ich wehre mich nicht gegen die Krankheit, ich akzeptiere sie klaglos.
- o Ich lasse mich zu einer Therapie drängen, die ich eigentlich nicht möchte.

## Cerato

- Ich bin total verunsichert und weiß nicht, wie ich reagieren soll; deshalb suche ich den Rat und die Meinung anderer.
- Ich lasse mich gewissermaßen von den Therapeuten entmündigen und befolge kritiklos ihre Vorschläge.

## Cherry Plum

- Ich bin ganz außer mir und fürchte durchzudrehen oder verrückt zu werden.
- Ich bin sehr aufgewühlt, ich bin total durcheinander.
- Ich verspüre den Drang mich umzubringen, weil ich es nicht mehr aushalte.

## Chestnut Bud

- Trotz meiner Krankheit mache ich bestimmte schädliche Fehler immer wieder.

## Chicory

- Ich bin sehr hilfs- oder trostbedürftig geworden.
- Ich tue mir selbst sehr Leid.

## Clematis

- Ich kümmere mich nicht um meine Krankheit, obwohl sie vielleicht gefährlich ist.
- Meine Krankheit interessiert mich nicht besonders.
- Ich gebe mir keine besondere Mühe, wieder gesund zu werden.
- Ich fürchte mich nicht vor dem Tod. Eigentlich sehne ich mich sogar nach ihm.

## Crab Apple

- Ich empfinde meine Krankheit als etwas Unreines.
- Ich bin ängstlich darauf bedacht, meine Krankheit (selbst wenn es nur eine kleine Störung ist) möglichst schnell wieder loszuwerden.
- Ich bin sehr hypochondrisch geworden.
- Ich bewerte meine Krankheit subjektiv schlimmer, als sie vielleicht objektiv ist.

## Elm

- o   Ich fühle mich von meiner Krankheit wie überfallen und überwältigt.
- o   Ich empfinde die Krankheitsbelastung als übermenschlich und fürchte, ihr nicht mehr gewachsen zu sein.

## Gentian

- o   Ich werde bei jeder kleinen Schwierigkeit, jedem Stillstand oder jedem Rückfall im Genesungsprozess entmutigt und deprimiert.
- o   Ich brauche immer wieder Zuspruch und Ermutigung, um durchzuhalten.

## Gorse

- o   Ich kann nicht an eine Besserung oder Heilung glauben.
- o   Ich rechne mit dem Schlimmsten.
- o   Ich betrachte meine Krankheit als den Anfang vom Ende.
- o   Ich versuche zwar irgendwelche Therapien, glaube aber eigentlich nicht, dass sie mir helfen werden.

## Heather

- o   Ich möchte gerne gefragt werden, wie es mir geht.
- o   Ich genieße die Aufmerksamkeit und Zuwendung, die mir meine Krankheit einbringt.
- o   Ich habe das Bedürfnis, dauernd über meine Krankheit zu sprechen.

## Holly

- o   Ich ärgere mich sehr über meine Krankheit.

## Honeysuckle

- o   Ich bin sehr traurig darüber, dass ich meine Gesundheit verloren habe.
- o   Ich muss immer an die Zeit denken, in der ich noch gesund war.

## Hornbeam

- o   Ich meine, nicht genügend (seelische / körperliche) Kraft zur Überwindung meiner Krankheit zu haben.

- Ich fühle mich von der eventuell nötigen Therapie überfordert.

## Impatiens

- Ich bin sehr ungeduldig und versuche alles, um so schnell wie möglich wieder gesund zu werden.
- Ich finde keine Ruhe und kann mich nicht meinem inneren Heilungsrhythmus überlassen.

## Larch

- Ich fühle mich wegen meiner Krankheit minderwertig.
- Die Krankheit hat mein Selbstvertrauen untergraben.

## Mimulus

- Ich fürchte mich vor der Krankheit und ihren möglichen Folgen.

## Mustard

- Ich bin durch meine Krankheit depressiv geworden.

## Oak

- Ich gebe mir größte Mühe, wieder gesund zu werden.
- Ich gebe nicht auf, auch wenn die Lage hoffnungslos erscheint.
- Ich bin sehr frustriert, weil ich durch die Krankheit bei meiner Arbeit oder meinen Aufgaben behindert werde.
- Ich betrachte meine Krankheit als Herausforderung.

## Olive

- Ich bin durch meine Krankheit total erschöpft.
- Ich fühle, dass ich keine Kraft mehr habe weiterzukämpfen.

## Pine

- Ich empfinde meine Krankheit als (verdiente) Strafe.
- Ich mache mir Vorwürfe, weil ich krank bin.

## Red Chestnut

- Ich mache mir im Zusammenhang mit meiner Krankheit mehr Sorgen um andere als um mich selbst.

## Rock Rose

- Ich habe meine innere Gelassenheit verloren und drehe innerlich „auf Hochtouren".
- Ich bin zutiefst erschrocken.
- Die Krankheit macht mir panische Angst.

## Rock Water

- Ich versuche durch strenge Disziplin, Diät oder andere Maßnahmen wieder gesund zu werden.
- Ich erlaube mir nichts, wovon ich meine, dass es schädlich sein könnte.
- Ich erlaube mir nicht die kleinste Nachlässigkeit bei der Medikamenteneinnahme
- Ich möchte in meiner Krankheit anderen ein Vorbild sein.

## Scleranthus

- Ich kann mich nicht für ein bestimmtes Verhalten oder eine Therapie entscheiden, weil mir einmal dies und ein andermal jenes richtiger erscheint.

## Star of Bethlehem

- Ich bin wegen meiner Krankheit sehr schockiert.
- Ich bin wegen meiner Krankheit sehr unglücklich.

## Sweet Chestnut

- Ich bin wegen meiner Krankheit verzweifelt.
- Ich kann die Krankheitssituation nicht mehr aushalten, sie überfordert meine seelische Kraft.

## Vervain

- o Ich weiß ganz genau, welche therapeutischen Maßnahmen ich will.
- o Ich lasse mich durch meine Krankheit nicht von meinen Plänen und Projekten abhalten.

## Vine

- o Ich bin zwar ziemlich krank, bleibe aber weiterhin der Chef und sorge dafür, dass alles so geschieht, wie ich es für richtig halte.

## Walnut

- o Ich werde durch meine Krankheit von meinem eigenen Weg abgebracht oder aus der Bahn geworfen.
- o Ich bin durch meine Krankheit zu sehr beeinflussbar geworden.

## Water Violet

- o Ich lasse mir nicht helfen und versuche allein mit der Krankheit zurechtzukommen.
- o Ich brauche keinen Trost und will kein Mitleid.
- o Ich will nicht gefragt werden, wie es mir geht. Meine Krankheit ist meine Privatsache.

## White Chestnut

- o Ich kann an kaum etwas anderes als an meine Krankheit denken.

## Wild Oat

- o Ich kann in meiner Krankheit keinerlei Sinn entdecken.
- o Ich weiß nicht, wie ich mit meiner Krankheit umgehen und wie ich auf sie reagieren soll.

## Wild Rose

- o Ich finde mich resigniert und widerstandslos mit der Krankheit ab.
- o Ich kann mich nicht dazu aufraffen, etwas zur Überwindung der Krankheit zu unternehmen.
- o Meine Krankheit erschüttert mich nicht besonders, mir ist alles egal.

- o   Ich kann meine Krankheit nicht akzeptieren — ich finde, dass ich sie nicht verdient habe.

- o   Ich bin wegen meiner Krankheit verbittert und mache insgeheim meinen Ärzten, meinem Schicksal oder Gott deswegen Vorwürfe.

# Fragebogen 3

*Gibt es ein besonderes, belastendes Ereignis, das den derzeitigen unnormalen Zustand hervorgerufen hat? Warum oder wodurch bin ich in diesen Zustand gekommen oder krank geworden?*

*Diese Mittel sind sehr wichtig. Unter dem Einfluss von Krankheiten werden bestimmte psychische Eigenschaften deutlich, die eine grundsätzliche Bedeutung haben. Solche Eigenschaften sind unter normalen Bedingungen latent und nicht oder nur schwer erkennbar. Durch den Leidensdruck werden sie aktiviert und weisen dann auf Charakterprobleme hin, die gelöst werden sollten. Indem man diese Mittel auch dann einsetzt, wenn es keine aktuellen Probleme gibt, kann man deren Auftreten prophylaktisch verhindern*

## Agrimony

o   Weil ich mich zu stark verkrampft habe (zum Beispiel aus Überempfindlichkeit oder Feigheit oder weil ich etwas nicht wahrhaben oder zugeben wollte).

o   Weil ich unter starker innerer Qual gelitten habe, die ich nach außen verborgen habe.

o   Weil ich die Wahrheit bzw. mein Problem verdrängt habe.

o   Weil ich süchtig nach Alkohol, Drogen oder Medikamenten bin, um das Leben ertragen zu können.

## Aspen

o   Weil ich unter grundlosen und unvernünftigen Ängsten gelitten habe oder leide.

## Beech

o   Weil ich gegen etwas allergisch war oder bin (körperlich oder psychisch).

## Centaury

o   Weil ich erpresst wurde oder mich zu sehr einschüchtern ließ.

## Cherry Plum

- o Weil ich mich sehr aufgeregt oder unter starkem Gefühlsdruck gestanden habe.
- o Weil ich eine Kurzschlusshandlung begangen oder durchgedreht habe.

## Cerato

- o Weil ich nicht wusste, wie ich handeln sollte, und niemanden hatte, der mich anleitete oder mir half.

## Chestnut Bud

- o Weil ich aus meinen schlechten Erfahrungen nichts gelernt und einen bestimmten Fehler erneut gemacht habe.

## Chicory

- o Weil ich mich sehr ungeliebt fühlte oder zu wenig Zuwendung bekam.
- o Weil ich sehr eifersüchtig war.

## Clematis

- o Weil ich mich zu sehr vernachlässigt habe.
- o Weil ich eigentlich kein Interesse mehr am Leben habe und/oder mich nach dem Tode sehne.

## Crab Apple

- o Weil ich mit etwas sehr Ekligem *zu* tun hatte.
- o Weil ich mich beschmutzt gefühlt habe.
- o Weil meine Ordnung zusammengebrochen war.
- o Weil Chaos herrschte und ich nicht mehr wusste, woran ich mich halten sollte.

## Elm

- o Weil ich akut überfordert oder im Zusammenbrechen begriffen war.
- o Weil ich wegen bestimmter Probleme oder Misserfolge sehr deprimiert war.
- o Weil ich nicht genügend Durchhaltekraft hatte.

- o  Weil ich an den Problemen, die sich mir in den Weg gestellt haben, gescheitert bin.

## Gentian

- o  Weil ich wegen bestimmter Probleme oder Misserfolge deprimiert war.
- o  Weil ich nicht genügend Durchhaltekraft hatte.
- o  Weil ich an den Problemen, die sich mir in den Weg gestellt haben, gescheitert bin.

## Gorse

- o  Weil ich ohne Hoffnung war oder bin.
- o  Weil ich mit dem Leben abgeschlossen hatte oder habe.
- o  Weil ich resigniert und nichts mehr für mich getan habe.

## Heather

- o  Weil ich mich abgelehnt, ausgelacht oder gedemütigt fühlte.
- o  Weil ich allein sein musste oder aus der Gemeinschaft ausgeschlossen wurde.
- o  Weil ich mich sehr blamiert habe.
- o  Weil ich mich mit jemandem zerstritten habe.

## Holly

- o  Weil ich mich sehr geärgert habe.
- o  Weil ich immer so gereizt bin.
- o  Weil ich unter starken negativen Gefühlen gelitten habe (Wut, Eifersucht, Neid usw.).

## Honeysuckle

- o  Weil ich so traurig bin.
- o  Weil ich einen schweren Verlust erlitten habe, über den ich nicht hinwegkommen kann.
- o  Weil ich sehr unter Heimweh oder Sehnsucht gelitten habe.

## Hornbeam

- Weil mir mein Leben oder eine bestimmte Aufgabe zu schwer erscheint.
- Weil ich mich dadurch vor einer Aufgabe oder Arbeit drücken konnte.

## Impatiens

- Weil ich sehr ungeduldig, gehetzt oder nervös war oder bin.

## Larch

- Weil ich mich minderwertig oder unterlegen gefühlt habe.
- Weil ich mir zu wenig zugetraut habe.
- 

## Mimulus

- Weil ich mich sehr gefürchtet habe.
- Weil ich sehr ängstlich bin.

## Mustard

- Weil ich sehr bedrückt oder niedergeschlagen war oder bin.
- Weil ich unter Depressionen litt oder leide.
- Weil ich keine Freude am Leben habe.

## Oak

- Weil ich zu verbissen und unnachgiebig war oder bin.
- Weil ich aus Sturheit oder Ehrgeiz bis an die Zerreißgrenze gegangen bin.

## Olive

- Weil ich total erschöpft war oder bin.

## Vine

- Weil ich unter Schuldgefühlen gelitten bzw. mich selbst verurteilt habe.
- Weil man mir Vorwürfe gemacht hat.
- Weil ich mich sehr vor Strafe gefürchtet habe.
- Weil ich mich unanständig oder unmoralisch gefühlt habe / fühle.

## Pine

- o Weil ich unter Schuldgefühlen gelitten bzw. mich selbst verurteilt habe.
- o Weil man mir Vorwürfe gemacht hat.
- o Weil ich mich sehr vor Strafe gefürchtet habe.
- o Weil ich mich unanständig oder unmoralisch gefühlt habe oder fühle.

## Red Chestnut

- o Weil ich mir schwere Sorgen um jemanden gemacht habe oder mache.
- o Weil mich das Leiden eines anderen Menschen oder eines Tieres zu sehr mitgenommen hat.

## Rock Rose

- o Weil ich sehr („zu Tode") erschrocken war.
- o Weil ich panische Angst hatte.

## Rock Water

- o Weil ich mich zu etwas gezwungen habe, was ich eigentlich nicht wollte.
- o Weil ich mich selbst zu sehr unterdrückt, diszipliniert oder kasteit habe.
- o Weil ich zu streng zu mir selbst war oder bin.
- o Weil ich mir zu wenig gönne.
- o Weil ich zu wenig auf meine körperlichen Bedürfnisse geachtet habe.

## Scleranthus

- o Weil ich zu labil und launisch war bzw. bin.
- o Weil ich unfähig war, eine wichtige Entscheidung zu treffen.

## Star of Bethlehem

- o Weil ich mich mit einer unerfreulichen oder erschütternden Situation nicht abfinden konnte.
- o Weil ich zu sehr schockiert war.

## Sweet Chestnut

- o Weil ich sehr verzweifelt war und nicht mehr weiter wusste.

## Vervain

- o Weil ich mich übertrieben eingesetzt hatte und dadurch unter zu starken Stress geraten war.
- o Weil ich zu begeistert war.

## Vine

- o Weil ich meinen Willen nicht durchsetzen konnte.
- o Weil ich mich unterordnen musste oder zum Gehorsam gezwungen wurde.

## Walnut

- o Weil ich unter einen schlechten oder schädlichen Einfluss geraten bin.
- o Weil ich in einer wichtigen körperlichen oder geistigen Umstellungsphase zu sehr irritiert wurde.
- o Weil ich meinen eigenen inneren Rhythmus verloren hatte oder habe.

## Water Violet

- o Weil ich meine Freiheit verloren habe.
- o Weil ich nicht so leben durfte bzw. darf, wie es für mich richtig ist.
- o Weil ich etwas tun musste, was mir nicht lag bzw. liegt.
- o Weil ich in die Isolation geraten war und keinen Kontakt mehr zu anderen Menschen herstellen konnte.

## White Chestnut

- o Weil ich geistig nicht mehr abschalten konnte.
- o Weil ich von unerfreulichen Gedanken oder Vorstellungen verfolgt wurde.

## Wild Oat

- Weil ich keinen Sinn mehr im Leben sah und/oder sehe.
- Weil ich überhaupt nicht weiß, was ich tun soll.

## Wild Rose

- Weil ich total antriebslos war bzw. bin.

## Willow

- Weil ich mich ungerecht behandelt fühlte.
- Weil ich sehr beleidigt oder verbittert war.

# 4. Fragebogen

**Was sind meine typischen Eigenarten und Verhaltensweisen?**
**Gibt es eine spezielle Eigenschaft an mir, die die tiefere Ursache für den momentanen, unnormalen Zustand sein könnte?**

*Für die Selbsterkenntnis, Charaktersanierung und allgemeine Prophylaxe sind diese Mittel wichtig. Sie werden vor allem in jenen Zeiten genommen, in denen keine akuten Probleme bestehen.*

Es empfiehlt sich, die Antworten folgendermaßen einzuteilen:

- ja, ganz typisch
- ja, stimmt auch

Mittel aus der Kategorie 1 sind wichtiger als Mittel aus der Kategorie 2.

**Bitte beachten:**

Dieser Fragebogen kann Ihnen nur eine relativ oberflächliche Orientierung geben. Um die für Sie besonders typischen Mittel feststellen zu können, sollten Sie unbedingt die genauen Beschreibungen all derjenigen Mittel nachlesen, die Sie mit diesem Fragebogen herausfinden.

## *Agrimony*

- o Ich zeige meine Probleme und Ängste nicht gern, sondern verberge sie hinter gespielter Sorglosigkeit oder Sicherheit.
- o Ich fürchte mich vor Unannehmlichkeiten (und Leiden) jeder Art.
- o Ich kann Streit und Konflikte nicht ertragen.
- o Ich weiche Problemen und Konfliktsituationen aus, wo immer ich kann.
- o Ich habe mir angewöhnt, Unangenehmes zu verdrängen.
- o Es fällt mir schwer, natürlich, offen und spontan zu sein.
- o Ich bin schnell (oder oft) verlegen oder gehemmt.
- o Ich tendiere dazu, meine Probleme und Ängste mit Alkohol, Psychopharmaka oder Drogen erträglich zu machen.
- o Ich leide oft unter Verkrampfungen oder Verspannungen.

## *Aspen*

- o Ich leide oft unter unbegründeten und unverständlichen Ängsten.
- o Ich leide oft unter ängstlichen Ahnungen oder unheimlichen Gefühlen.
- o Ich leide unter unerklärlicher Angst, wenn mich etwas Unbekanntes

oder Neues erwartet.
- ○ Untergründig fürchte ich mich dauernd vor irgendeinem Unheil.
- ○ Ich bin sehr abergläubisch.

## *Beech*

- ○ Es gibt vieles, was ich einfach nicht vertragen kann.
- ○ Ich weiß immer sofort genau, ob etwas richtig oder gut ist.
- ○ Ich kann vieles in meiner Umgebung oder an anderen Menschen nicht ausstehen oder gutheißen.
- ○ Ich neige zu Kritik und Intoleranz, wobei ich oft von mir auf andere schließe.
- ○ Ich bemühe mich sehr, nicht intolerant zu sein und in allem etwas Gutes zu sehen.

## *Centaury*

- ○ Ich bin sehr gutmütig und nachgiebig.
- ○ Ich lasse mich oft ausnützen oder erpressen.
- ○ Ich passe mich immer an.
- ○ Es fällt mir schwer, nein zu sagen oder etwas für mich zu fordern. Ich bin eher auf Verzicht eingestellt.
- ○ Ich neige dazu, mich Autoritätspersonen oder Stärkeren zu unterwerfen, weil sie mir irgendwie Angst machen.
- ○ Ich war schon als Kind sehr gehorsam und lasse mich auch heute oft noch herumkommandieren.

## *Cerato*

- ○ Ich bin ziemlich unselbständig und richte mich meist nach der Meinung anderer.
- ○ Ich leide häufig unter Unsicherheit und brauche dann einen guten Rat.
- ○ Ich bin sehr unsicher, wenn ich auf mich selbst gestellt bin, und fürchte mich davor, Fehler zu machen.
- ○ Ich brauche jemanden, der mich berät oder führt. Ich brauche einen Lebensberater oder Guru.
- ○ Ich lege großen Wert auf die Meinung meiner Freunde / Verwandten.

## *Cherry Plum*

- ○ Mein Problem ist mein Gefühlsleben.
- ○ Ich fühle sehr intensiv und kann mich oft nicht beherrschen.

- Manchmal werde ich richtig hysterisch.
- Ich bin oft gefühlsmäßig ganz durcheinander.
- Ich neige zu Kurzschlusshandlungen.
- Manchmal ist meine innere Qual so groß, dass ich mir am liebsten das Leben nehmen würde.

## Chestnut Bud

- Das Lernen fällt mir schwer.
- Ich mache immer wieder dieselben Fehler, weil ich zu unaufmerksam bin.
- Ich gerate immer wieder in die gleichen Schwierigkeiten.
- Mein Leben ist im Grunde eine ständige Wiederholung des gleichen Problems.
- Ich bin nicht reif und erfahren genug.

## Chicory

- Enge Gefühlsbeziehungen sind das Wichtigste für mich.
- Ich helfe anderen Menschen gern , erwarte dafür aber ihre Dankbarkeit.
- Es trifft mich schwer, wenn sich jemand als undankbar erweist.
- Es fällt mir schwer, etwas, was ich besitze, herzugeben.
- Ich bin sehr frustriert oder falle in Selbstmitleid, wenn ich nicht bekomme, was ich dringend möchte.
- Ich neige dazu, die Menschen, an denen ich hänge, an mich zu binden.

## Clematis

- Ich kann mich oft nicht richtig auf das konzentrieren, was ich gerade tue, weil meine Gedanken davonwandern.
- Ich träume oft in den Tag hinein oder warte auf bessere Zeiten.
- Ich bin kein Realist und gebe mich oft Illusionen und Hoffnungen hin.
- Ich bin oft unordentlich und unpünktlich.
- Ich bin oft in Gedanken versunken und vergesse darüber meine Pflichten oder den Alltag.
- Ich fühle mich oft wie benebelt oder betäubt.
- Ich verspüre manchmal Sehnsucht nach dem Tod.

## Crab Apple

- Ich kann Schmutz oder Unordnung bei mir und anderen Menschen nicht ausstehen.
- Ich ekle mich leicht.
- Ich fürchte mich davor, unrein zu sein oder zu werden.
- Ich finde mich nicht schön und lehne mich selbst ab.
- Ich brauche strenge Ordnung und eine klare Linie.
- Ich halte mich immer genau an Anweisungen und Vorschriften.
- Ich versuche alles perfekt zu machen, weil ich Ungenauigkeit und Schludrigkeit hasse.
- Ich habe Probleme mit der Sexualität, weil ich sie irgendwie als schmutzig oder eklig empfinde.

## Elm

- Ich gerate immer wieder an meine Leistungsgrenze.
- Ich übernehme mich oft.
- Wenn es mir gut geht, lade ich mir immer zu viel Arbeit auf.
- Meine Leistungsfähigkeit ist ungenügend.

## Gentian

- Ich hasse Probleme und Schwierigkeiten.
- Ich bin keine Durchhalte-Typ, ich habe keinen starken Willen. Wenn es schwierig wird, gebe ich auf.
- Ich bin immer schnell entmutigt.
- Ich gehe am liebsten den Weg des geringsten Widerstandes.
- Ich bin oft deprimiert, weil ich keinen Erfolg habe.

## Gorse

- Im Grunde meines Wesens bin ich pessimistisch.
- Ich rechne immer gleich mit dem Schlimmsten.
- Ich erwarte nichts Positives von der Zukunft.
- Eigentlich habe ich mit meinem Leben abgeschlossen.

## Heather

- Ich spreche gern über mich — das tut mir gut.
- Ich kann es nicht ertragen, wenn man mich übergeht oder nicht

beachtet.

- Ich fürchte mich immer irgendwie vor Blamage oder Demütigung.
- Ich kann nicht allein sein.
- Ich achte darauf, beliebt und anerkannt zu sein, weil dies für mich sehr wichtig ist.
- Ich fühle mich schnell abgelehnt oder ausgestoßen, wenn man mich nicht beachtet.

## Holly

- Ich bin schnell gereizt, verärgert oder wütend.
- Ich neige zu Misstrauen und Eifersucht.
- Ich kann meine Aggressionen oft nicht im Zaum halten.
- Ich kann mich oft nicht gegen meine lieblosen oder hässlichen Gedanken oder Gefühle wehren.

## Honeysuckle

- Ich bin oft traurig, weil es nicht mehr so schön ist wie früher.
- Ich mag es nicht, wenn etwas zu Ende geht.
- Ich leide oft unter Heimweh oder Sehnsucht.
- Von Natur aus bin ich ausgesprochen sentimental.
- Wenn ich einen Verlust erleide, verfalle ich in tiefe Trauer.
- Ich kann mich nicht von meinen schönen Erinnerungen losreißen, sie gehen mir nicht aus dem Kopf.

## Hornbeam

- Ich fühle mich von den Aufgaben meines täglichen Lebens überfordert.
- Ich neige dazu, bestimmte Aufgaben oder Arbeiten von vornherein als schwerer einzuschätzen, als sie dann tatsächlich sind.
- Ich bin lustlos, mutlos und erschöpft, weil mir alles zu viel ist.
- Ich empfinde mein Leben als schwer. Es liegt wie ein Berg vor mir.

## Impatiens

- Ich bin oft ungeduldig, getrieben oder kribbelig.
- Bei mir muss alles „ruck, zuck!" gehen und sofort erledigt sein!
- Ich werde bei jeder Verzögerung sofort unruhig oder gereizt.
- Am liebsten erledige ich alles allein, weil mir die anderen zu langsam sind.

## Larch

- o Ich meine oft, dass andere Menschen mir überlegen sind — zum Beispiel an Beliebtheit, Bedeutung, Intelligenz, an Fähigkeiten oder Schönheit.
- o Ich leide unter Minderwertigkeitsgefühlen.
- o Ich traue mir oft zu wenig zu und fürchte immer zu versagen.
- o In Gegenwart von Menschen mit starkem Selbstvertrauen halte ich immer den Mund und fühle mich klein und unbedeutend.

## Mimulus

- o Ich bin ziemlich ängstlich veranlagt.
- o Ich habe oft Angst vor bestimmten Situationen oder Menschen.
- o Ich kann nicht unbekümmert oder dreist handeln, weil ich zu dünnhäutig und empfindlich bin.

## Mustard

- o Ich bin oft lustlos, miesepetrig, verstimmt oder schlecht gelaunt.
- o Ich bin oft niedergeschlagen, bedrückt, schwermütig oder depressiv.
- o Ich habe oft überhaupt keine Freude am Leben.
- o Ich fühle mich wie von einer schwarzen Wolke eingehüllt.

## Oak

- o Es fällt mir schwer, aufzugeben oder nachzugeben.
- o Ich bin verbissen und unnachgiebig.
- o Ich werde unzufrieden, wenn ich bei der Erfüllung einer Aufgabe oder der Realisierung eines Plans behindert werde.
- o Eine einmal begonnene Arbeit oder Aufgabe gebe ich niemals auf.
- o Ich bin sehr willensstark und gehe immer auf Biegen und Brechen — faule Kompromisse gibt es bei mir nicht.
- o Ich stehe oft unter starkem Stress, weil ich mich zu sehr in meine Aufgaben oder Projekte verbeiße.

## Olive

- o Ich bin nicht leistungsfähig
- o Ich bin oft sehr müde und erschöpft.

## Pine

- o Ich bekomme schnell ein schlechtes Gewissen und habe viele Skrupel.
- o Ich neige dazu, mich schuldig zu fühlen und mich selbst zu verurteilen.
- o Ich habe immer Angst vor irgendeiner Strafe.
- o Ich mache alles perfekt, weil ich mich vor Tadel oder Kritik fürchte.
- o Ich bemühe mich immer sehr, ein anständiger und guter Mensch zu sein.
- o Ich bekomme ein schlechtes Gewissen, wenn es mir besser geht als anderen.
- o Ich schäme mich oft.
- o Ich habe Probleme mit der Sexualität, weil ich sie immer irgendwie als unmoralisch oder unanständig empfinde.

## Red Chestnut

- o Ich mache mir immer viele Sorgen um andere.
- o Ich leide immer stark mit, wenn es jemandem schlecht geht.

## Rock Rose

- o Ich bin sehr schreckhaft.
- o Ich verliere oft die innere Ruhe und komme ins „Rotieren".
- o Ich gerate schnell in Panık.
- o In außergewöhnlichen Situationen (zum Beispiel bei Prüfungen oder Schreck) verliere ich schnell die Übersicht und bekomme einen „leeren Kopf".

## Rock Water

- o Ich bin sehr diszipliniert und beherrscht.
- o Ich stehe Vergnügungen und Luxus sehr reserviert gegenüber.
- o Ich neige dazu, mich selbst zu unterdrücken oder zu zwingen.
- o Ich bemühe mich, anderen Menschen ein Vorbild zu sein.

## Scleranthus

- o Ich kann mich oft nicht entscheiden, weil mir einmal dies und ein andermal jenes richtiger oder besser erscheint.
- o In meinem Leben herrscht keine klare Linie.
- o Ich bin sehr leicht abzulenken und deshalb oft inkonsequent.
- o Ich bin oft ausgesprochen launisch: heute so — morgen so.

## Star of Bethlehem

- o Ich habe eine schwere seelische Erschütterung erlitten, die ich bis heute nicht überwunden habe.
- o Ich kann ein bestimmtes schlimmes Erlebnis einfach nicht vergessen.
- o Ich habe mich von einer (psychischen / körperlichen) Verletzung nicht erholt.
- o Ich bin sehr unglücklich wegen meiner Lebensumstände.

## Sweet Chestnut

- o Ich bin manchmal total verzweifelt und weiß nicht mehr weiter.
- o Ich neige dazu, mich in ausweglose Situationen zu bringen.

## Vervain

- o Ich muss anderen Menschen einfach helfen, wenn ich sehe, dass sie Fehler machen.
- o Ich sehe immer irgendetwas, was ich verbessern kann, oder jemanden, dem ich mit einem guten Rat weiterhelfen kann.
- o Ich fühle mich berufen, etwas Positives in der Welt zu tun.
- o Ich bin schnell zu begeistern und werde dann in meinem Verhalten maßlos.
- o Ich bin manchmal etwas manisch.
- o Ich bin oft gestresst, weil ich mich zu stark engagiere.

## Vine

- o Ich neige dazu, anderen zu sagen, was sie tun oder wie sie sich verhalten sollen.
- o Ich will immer den Ton angeben und meinen Willen durchsetzen.
- o Ich sehe immer sofort, wenn etwas nicht in Ordnung ist.
- o Ich weiß genau, was ich will, und hasse Widerspruch.

- ○ Ich bin nicht sehr tolerant.
- ○ Ich möchte gerne, dass alles nach meinen Vorstellungen geschieht.
- ○ Es fällt mir schwer, anderen Menschen ihre Meinung oder Lebensweise zu lassen.

## Walnut

- ○ Ich bin leicht zu beeinflussen.
- ○ Ich bin ausgesprochen verführbar.
- ○ Ich bin sehr gutgläubig.
- ○ Ich bin mir selbst oft nicht treu genug.
- ○ Ich brauche ein „dickeres Fell".

## Water Violet

- ○ Ich bin gern unabhängig, ich liebe es, meine Probleme aus eigener Kraft zu lösen, und gehe gern meine eigenen Wege.
- ○ Ich brauche keine Hilfe und Anteilnahme. Die Leute sollen mich in Ruhe lassen.
- ○ Ich bin nicht sehr kontaktfreudig.
- ○ Ich habe eine Abneigung gegen zu enge Bindungen.
- ○ Es fällt mir schwer, mich ein- oder unterzuordnen. Ich hasse es, wenn man mir sagt, was ich tun soll.
- ○ Ich fühle mich oft den anderen Menschen überlegen.
- ○ Ich fühle mich in engen Räumen oder unter vielen Menschen unwohl.
- ○ Ich mag es nicht, wenn man mir zu nahe tritt.
- ○ Meine persönliche Freiheit ist mir wichtiger als alles andere.

## White Chestnut

- ○ Ich kann oft nicht abschalten und werde von bestimmten Gedanken oder Vorstellungen tyrannisiert.

## Wild Oat

- ○ Ich bin oft unzufrieden bzw. deprimiert, weil ich nicht weiß, was ich anfangen soll und wie ich mein Leben sinnvoll gestalten kann.
- ○ Ich kann den Sinn meines Lebens nicht finden, obwohl ich ständig danach suche.
- ○ Ich habe keinen Zugang zu meiner inneren Stimme.
- ○

## Wild Rose

- Ich habe angesichts der Lebensprobleme resigniert und lasse mich einfach treiben.
- Ich bin oft so apathisch, so antriebslos. Ich kann mich oft zu nichts aufraffen.
- Ich bin der Meinung, dass es sich nicht lohnt, sich zu engagieren.

## Willow

- Ich bin schnell enttäuscht, beleidigt oder verbittert.
- Ich kann Verluste oder Niederlagen nicht auf die leichte Schulter nehmen.
- Es fällt mir immer sehr schwer, zu vergeben und zu vergessen, wenn man mir einen Schmerz oder ein Unrecht zugefügt hat.
- Ich neige dazu, anderen Vorwürfe zu machen

# 5. Fragebogen

*Was ist der Grund für mein Problem oder meinen unnormalen Zustand? Welche meiner Eigenschaften steht meinem Ziel im Wege? Wie muss ich mich ändern, damit ich es erreichen kann? In welcher Hinsicht sollte ich mich noch weiterentwickeln und bessern?*

*Die mit diesem Fragebogen gefundenen Eigenschaften bzw. Mittel dienen der Selbstkritik und zeigen damit, in welche Richtung die Arbeit am eigenen Charakter gehen sollte.*

**Der Grund für mein Problem oder meinen derzeitigen unnormalen Zustand besteht darin** (➔ *in dieser Hinsicht sollte ich mich also noch weiterentwickeln und bessern*):

## Agrimony

- o dass ich zu wehleidig bin.
- o dass ich immer so gehemmt und oft verlegen bin.
- o dass ich zu viel verdränge.
- o dass ich immer ausweiche, wenn ich fürchte, dass es unangenehm wird.
- o dass ich es nicht schaffe, die Wahrheit zu sagen, weil ich mich vor den Folgen fürchte.
- o dass ich oft zu feige bin.
- o dass ich mich oft so verkrampfe.
- o dass ich zu Alkohol, Drogen, Medikamenten oder anderen Ablenkungen greife, um das Leben auszuhalten, statt mich den Problemen zu stellen.

*Ich sollte offener, spontaner, natürlicher, konfliktfähiger, lockerer, entspannter oder ehrlicher werden.*

## Aspen

- o dass ich immer wieder von unsinnigen Ängsten überfallen werde.

*Ich sollte mehr Urvertrauen bekommen.*

- o dass ich zu nörglerisch, kritisch, intolerant oder ablehnend bin.
- o dass ich alles rosiger sehen möchte, als es tatsächlich ist.

*Ich sollte echte Toleranz und richtiges Verständnis entwickeln, damit ich nicht mehr so viel kritisiere und ablehne bzw. meine spontane Intoleranz nicht mehr durch übertriebene Toleranz überkompensieren muss.*

# Centaury

- o dass ich nicht stark genug bin, um mich gegen Ausnützung oder Erpressung zu wehren.
- o dass ich ein so gutmütiger Trottel bin.
- o dass ich nie nein sagen kann, wenn man etwas von mir verlangt.
- o dass ich zu viel Angst vor Stärkeren und Autoritätspersonen habe.
- o dass ich mich immer wieder über den Tisch ziehen lasse.

*Ich sollte stark genug werden, um meine Rechte wahren, meine eigene Position vertreten und auch einmal nein sagen zu können.*

# Cerato

- o dass ich zu unselbständig und unsicher bin.
- o dass ich immer jemanden brauche, der mir sagt, was ich tun soll.
- o dass ich es nicht wage, einfach das zu tun, was ich gerade möchte, sondern mich immer nach dem richte, was andere mir raten.

*Ich sollte selbstsicherer und unabhängiger werden, so dass ich nicht immer jemanden brauche, der mir Rat, Führung und Anleitung gibt.*

# Cherry Plum

- o dass ich immer so intensiv fühle und übertrieben emotional reagiere.
- o dass ich zu schnell durchdrehe oder ausflippe.
- o dass ich mich oft nicht beherrschen kann.

*Ich sollte in meinem Gefühlsleben ausgeglichener werden.*

## Chestnut Bud

- o dass ich immer wieder die gleichen Fehler mache, weil ich so unaufmerksam bin.
- o dass ich nie richtig aufpasse und deshalb nichts lerne.

*Ich sollte besser lernen können und erfahrener werden.*

## Chicory

- o dass ich mich immer zu sehr für andere einsetze und ihnen zu helfen versuche (dafür aber Dank erwarte).
- o dass ich andere durch meine Hilfe hilflos und von mir abhängig mache.
- o dass ich andere Menschen (durch Hilfe und Wohltaten) zu sehr an mich zu binden versuche.
- o dass ich so egoistisch und besitzgierig bin.

*Ich sollte selbstloser werden und andere Menschen freilassen können.*

## Clematis

- o dass ich immer so verträumt und unrealistisch bin.
- o dass ich so uninteressiert bin.
- o dass ich so unordentlich und vergesslich bin.
- o dass ich mich nicht genügend um meine Angelegenheiten kümmere.
- o dass ich „lieber die Taube auf dem Dach als den Spatz in der Hand" habe.

*Ich sollte wacher und realistischer werden, damit ich mit meinem Leben besser zurechtkomme.*

## Crab Apple

- o dass ich mich zu viel und zu schnell ekle.
- o dass es bei mir immer so übertrieben sauber und ordentlich sein muss.
- o dass ich mich immer zu sehr an Anweisungen, Richtlinien oder Vorschriften halte und nicht mal „fünf gerade sein" lassen kann.
- o dass ich oft so pingelig und perfektionistisch bin.
- o dass Sex für mich etwas irgendwie Schmutziges bedeutet.

*Ich sollte lockerer und natürlicher werden.*

## Elm

- o   dass ich immer wieder zu viel Verantwortung und Arbeit übernehme.
- o   dass ich es nicht rechtzeitig merke, wenn ich mir zu viel auflade.

*Ich sollte meine Leistungsfähigkeit und meine Grenzen besser einschätzen können.*

## Gentian

- o   dass ich bei Schwierigkeiten zu schnell aufgebe oder verzichte.
- o   dass ich einen zu schwachen Willen habe.
- o   dass ich immer gleich deprimiert bin, wenn es nicht zügig vorwärts geht oder Probleme auftauchen.

*Ich sollte willensstärker, optimistischer und durchsetzungsfähiger werden.*

## Gorse

- o   dass ich zu pessimistisch bin.
- o   dass ich immer das Schlimmste erwarte.
- o   dass ich eigentlich mit dem Leben abgeschlossen habe und nichts Positives mehr erwarte.

*Ich sollte optimistischer werden.*

## Heather

- o   dass es mir so schwer fällt, allein zu sein.
- o   dass ich so eitel bin.
- o   dass ich es überhaupt nicht ertragen kann, abgelehnt oder ausgelacht zu werden.

*Ich sollte unabhängiger von Lob und Zuwendung werden.*

## Holly

- o   dass ich immer so schnell gereizt, unfreundlich oder wütend werde.
- o   dass ich mich so schnell ärgere.

*Ich sollte positiver und freundlicher werden.*

## Honeysuckle

- o dass ich immer mehr in der Vergangenheit als in der Gegenwart lebe.
- o dass ich so schnell Heimweh bekomme.
- o dass ich bei jeder Trennung und jedem Verlust so traurig werde.
- o dass ich so sentimental bin.

*Ich sollte mich mehr am gegenwärtigen Leben erfreuen können, statt immer dem Vergangenen nachzutrauern.*

## Hornbeam

- o dass mir alles zu schwer erscheint.
- o dass ich mir von vornherein das, was ich zu tun habe, zu schwer vorstelle.

*Ich sollte das Leben oder meine Arbeit leichter nehmen können.*

## Impatiens

- o dass ich immer so ungeduldig oder unruhig bin.
- o dass ich zur Hetzerei neige.
- o dass ich so nervös bin.

*Ich sollte geduldiger werden und alles im richtigen Rhythmus tun können.*

## Larch

- o dass ich mir zu wenig zutraue.
- o dass ich meine, ich sei anderen Menschen irgendwie unterlegen.
- o dass ich meine, ich könne weniger oder ich sei weniger wert als andere.

*Ich sollte mehr Selbstvertrauen und Selbstachtung entwickeln.*

## Mimulus

- o dass ich zu ängstlich bin.

*Ich sollte mutiger werden.*

## Mustard

- o   dass ich mich nicht freuen kann.
- o   dass ich immer wieder so depressiv werde.

*Ich sollte mich mehr und öfter freuen können.*

## Oak

- o   dass ich immer so verbissen bin.
- o   dass ich nicht aufgeben kann, auch wenn es sinnvoll wäre.
- o   dass ich so stur und unnachgiebig bin.
- o   dass ich Probleme immer als persönliche Herausforderung sehe.

*Ich sollte flexibler werden und besser loslassen können.*

## Olive

- o   dass ich so erschöpft bin.
- o   dass ich nicht genügend Kraft für meine Arbeit oder mein Leben habe.

*Ich sollte mehr Kraft bekommen.*

## Pine

- o   dass ich so viele unnötige Skrupel habe.
- o   dass ich so sehr unter Schuldgefühlen leide.
- o   dass ich es nicht wage, ein Verbot oder ein Tabu zu übertreten.
- o   dass ich mich zu sehr vor Kritik, Verurteilung oder Strafe fürchte.
- o   dass ich immer so krampfhaft versuche, anständig zu sein.
- o   dass die Sexualität für mich etwas Unmoralisches hat.

*Ich sollte innerlich freier und etwas „skrupelloser" werden.*

## Red Chestnut

- o   dass ich mir immer so viele Sorgen mache.
- o   dass ich zu mitleidig bin.

*Ich sollte mehr Schicksalsvertrauen entwickeln und mich gegenüber fremdem Leid etwas mehr abgrenzen können.*

## Rock Rose

- o dass ich immer zu schnell den Kopf bzw. die Übersicht verliere.
- o dass ich so schreckhaft bin und schnell in Panik falle.

*Ich sollte gelassener, kaltblütiger und geistesgegenwärtiger werden.*

## Rock Water

- o dass ich zu streng zu mir bin.
- o dass es mir schwer fällt, mir etwas zu gönnen und mich zu freuen.
- o dass ich zu beherrscht bin und meine Gefühle und Triebe zu sehr unterdrücke.
- o dass ich zu sehr aus dem Kopf statt aus dem Bauch lebe.

*Ich sollte lockerer werden und mehr genießen können.*

## Scleranthus

- o dass ich so launisch bin.
- o dass mir Entscheidungen immer so schwer fallen.
- o dass ich so ablenkbar, inkonsequent, sprunghaft oder hin- und her gerissen bin.

*Ich sollte klarer und konsequenter werden.*

## Star of Bethlehem

- o dass ich immer zu schnell verletzt bin.
- o dass ich eine bestimmte seelische Erschütterung bis jetzt nicht verarbeiten konnte.
- o dass ich die Umstände, unter denen ich leben muss, zu schwer nehme.

*Ich sollte wieder froh sein und die Dinge leichter nehmen können.*

## Sweet Chestnut

- o dass ich zu schnell verzweifle.

*Ich sollte mehr Vertrauen und Gelassenheit entwickeln.*

## Vervain

- o dass ich immer irgendwo etwas verbessern möchte.
- o dass ich es mir nicht verkneifen kann, anderen gute Ratschläge zu geben.
- o dass ich mich und andere immer zu sehr antreibe.
- o dass ich oft zu begeistert bin und mich zu stark engagiere.

*Ich sollte geduldiger, maßvoller und toleranter werden.*

## Vine

- o dass ich zu intolerant bin und anderen Menschen immer Vorschriften mache.
- o dass ich immer den Ton angeben und meinen Willen durchsetzen will.
- o dass ich zu rechthaberisch bin.

*Ich sollte toleranter, verständnisvoller und entgegenkommender werden.*

## Walnut

- o dass ich mich immer zu leicht beeinflussen lasse.
- o dass ich mich zu leicht von meinem eigenen Weg abbringen lasse.
- o dass ich zu gutgläubig bin.

*Ich sollte mehr zu mir selbst stehen und unbeirrt meinen Weg gehen können.*

## Water Violet

- o dass es mir so schwer fällt, auf andere Menschen zuzugehen.
- o dass ich zu einzelgängerisch bin.
- o dass ich so wenig mit anderen Menschen zu tun haben will, weil ich mich oft für etwas Besseres halte.
- o dass ich mir nie helfen lassen will.

*Ich sollte etwas kontaktfreudiger, aufgeschlossener und sozialer werden.*

## White Chestnut

- o dass ich mich von bestimmten Gedanken nicht lösen kann.
- o dass ich oft nicht abschalten kann.

*Ich sollte mein Denken besser beherrschen können.*

## Wild Oat

- o dass ich nicht weiß, was ich tun soll.
- o dass ich meinem Leben keinen richtigen Sinn geben kann.

*Ich sollte mehr Kontakt zu meiner inneren Stimme bekommen.*

## Wild Rose

- o dass ich mich zu nichts aufraffen kann.
- o dass ich für nichts ein wirkliches Interesse habe.

*Ich sollte unternehmungslustiger und aktiver werden.*

## Willow

- o dass ich immer so enttäuscht bin, wenn etwas nicht so geht, wie ich gewünscht habe.
- o dass ich immer meine, die anderen hätten Schuld.
- o dass ich andere verurteile oder ihnen Vorwürfe mache.
- o dass ich oft so unversöhnlich oder nachtragend bin.

*Ich sollte allgemein versöhnlicher werden und die anderen zu verstehen suchen, statt sie zu verurteilen. — Ich sollte mein Schicksal besser annehmen können.*

# Die Bestimmung der geeigneten Bach-Blüten mit Hilfe von Stichworten

**Problem   Ursache, genauere Beschreibung**                    **Blütenessenz**

## A

Aberglauben (Neigung zu A.) ...............................................................Aspen

abfinden (sich nicht a. können) ............................................... Willow

abgelehnt (sich oft a. fühlen) ............................................... Heather

abhängig von anderen

- o geistig ...............................................................Cerato
- o gefühlsmäßig ...........................................................Chicory
- o aus Gehorsamkeit.................................................Centaury
- o aus Geltungssucht ............................................. Heather
- o aufgrund von Ängstlichkeit........................................ Mimulus
- o aufgrund von Schuldgefühlen ........................................Pine
- o abhängig machen (andere von Hilfe a.m.)                    Chicory

ablehnen (sich selbst a.)

- o aus moralischen Gründen.................................................Pine
- o weil man sich unrein / unschön fühlt ......................................Crab Apple

ablehnend

- o aufgrund von Intoleranz oder Vorurteilen ......................................Beech
- o gegenüber langsameren Menschen ...........................................Impatiens
- o dabei beleidigt oder schmollend ................................... Willow
- o dabei herrisch............................................................. Vine
- o aus Angst ...... ............................................. Mimulus
- o aufgrund schlechter Erfahrungen............................. Star of Bethlehem
- o mit Arroganz ..................................................... Water Violet
- o aus Einzelgängerei ................................................. Water Violet

ablenkbar

- o aus Unentschiedenheit..................................................Scleranthus
- o infolge von Neugier / allgemeiner Interessiertheit ................Scleranthus
- o von Beeinflussbarkeit (vom eigenen Weg abkommen).................Walnut
- o aus Unklarheit, Ziellosigkeit........................................ Wild Oat

ablenken (sich von sich selbst / andere a. von sich) ...........................Agrimony

Abneigungen, viele ...........................................................Beech abschalten (nicht a. können / unangenehme Gedanken) .......... White Chestnut

Absencen ...................................................................................Clematis

Abwehrkraft (Mangel an A.) durch Beeinflussbarkeit ............................Walnut

ängstlich ....................................................................................Mimulus

ärgerlich.......................................................................................... Holly

aggressiv .......................................................................................... Holly

- o   sehr stark ...................................................... + Cherry Plum

Ahnungen, ängstliche ...................................................................Aspen

Akne

- o   man findet sich  unschön ...................................................Crab Apple
- o   zur Blutreinigung .............................................................Crab Apple
- o   gegen Minderwertigkeitsgefühle .....................................................Larch
- o   gegen das Gefühl, abgelehnt zu werden .................................... Heather
- o   gegen das Trauma vor dem Spiegel............................ Star of Bethlehem

akzeptieren (nicht a. können)

- o   Schicksalsschläge ........................................................... Willow
- o   bestimmte Eigenschaften anderer Menschen .......................Beech

Alkohol, Neigung zu ...

- o   um seine Probleme ertragen zu können / zur Verdrängung ..... Agrimony
- o   um der harten Wirklichkeit zu entfliehen .................................Clematis

allein sein, nicht ... können

- o   aus Kontaktbedürfnis ..................................................... Heather
- o   weil man Gesellschaft zur Selbstdarstellung braucht.................. Heather
- o   weil man Beziehung sucht oder sehr anhänglich ist ...................Chicory

Allergie

- o   aufgrund von Unverträglichkeit .....................................................Beech
- o   mit sehr aggressiver Reaktion ......................................... Holly
- o   als Reinigungsreaktion...........................................Crab Apple

Alpträume, ängstliche......................Aspen + Rock Rose + Star of Bethl.

Anerkennung,  übertriebenes Bedürfnis nach...................................... Heather

angeberisch................................................................................ Heather

angepasst , zu sehr ...........................................................Centaury

Angst, Furcht

- o   vor Ablehnung ........................................................ Heather
- o   vor Autoritätspersonen .....................................................Centaury
- o   vor etwas Bestimmtem ................................................. Mimulus
- o   vor Kritik / Strafe ............................................................Pine

- o vor Konflikten ........................................................................... Agrimony
- o vor Neuem ....................................................................................Aspen
- o aus mangelndem Selbstvertrauen......................................................Larch
- o unklar, unbegründet, vor etwas Unbestimmtem ...........................Aspen
- o sehr stark, akut oder panisch ................................................ Rock Rose

anhänglich, zu ...........................................................................................Chicory

anklammernd.............................................................................................Chicory

anspruchslos (zu und verzichtbereit)....................................................Centaury

antriebslos .............................................................................................Wild Rose

apathisch...............................................................................................Wild Rose

arrogant .............................................................................................. Water Violet

asketisch ............................................................................................. Rock Water

asoziales Verhalten
- o in Form von > Einzelgängerei, Rebellion ............................. Water Violet
- o in Form von > Hetzerei .........................................................Impatiens
- o in Form von > Groll .................................................................. Willow
- o mit Aggressionen ................................................................+ Holly

Asthma
- o akut....................................................................... Rescue Remedy
- o für die Angstkomponente........................Mimulus + Rock Rose + Aspen
- o für die allergische Komponente ....................................................Beech
- o gegen die Verkrampfung ......................................................... Agrimony
- o durch Herzschwäche ......................................................Olive + Elm

aufdringlich
- o durch Hilfsbereitschaft ..........................................................Chicory
- o missionarisch ........................................................................ Vervain
- o um auf sich aufmerksam zu machen (geschwätzig) ................... Heather

aufgeben
- o zu schnell, bei jedem Problem.......................................................Gentian
- o nicht a. können, Verbissenheit ......................................................... Oak

aufgeregt .................................................................................Cherry Plum

aufgewühlt...............................................................................Cherry Plum

aufraffen, sich nicht ... können .............................................Wild Rose

Augenkrankheiten >>> Sehstörungen

"ausflippen" ..............................................................................Cherry Plum

ausgeschlossen (sich a. fühlen)............................................... Heather

ausgestoßen (sich a. fühlen)

- o aufgrund von Ablehnung / ungenügender Beachtung ................ Heather
- o aus Furcht vor Beziehungsverlust ................................................. Chicory

Ausnahmen (man macht nie A. / es fällt einem schwer, A. zu machen)
- o wenn man sich etwas vorgenommen hat ........................................ Oak
- o wenn es um Ordnung / Sauberkeit geht ............................... Crab Apple
- o wenn man von anderen etwas verlangt ......................................... Vine

Ausnahmezustände aller Art ....................................... Rescue Remedy

ausnützen (sich a. lassen) ...................................................... Centaury

Außenseiter ...................................................................... Water Violet

Ausweglosigkeit ........................................................... Sweet Chestnut

ausweichend ........................................................................ Agrimony

Autismus ......................................................................... Water Violet

# B

bange Gefühle .......................................................................... Aspen

beachtet werden wollen ......................................................... Heather

bedrängt fühlen (sich b.f.) .................................................. Water Violet

bedroht fühlen (sich b.f.) .......................................................... Aspen

bedrückt (sich b. fühlen)
- o depressiv ................................................................... Mustard
- o von schweren Arbeiten oder Aufgaben ................................ Hornbeam
- o von untergründigen Ängsten ............................................. Aspen

beeinflussbar ( zu b. aufgrund von Offenheit, Gutgläubigkeit) .............. Walnut

beengt (sich b. fühlen) ...................................................... Water Violet

begehrlich, zu ...................................................................... Chicory

begeistert, übertrieben .............................................................. Vervain

beherrscht, zu ................................................................... Rock Water

belastet fühlen (sich b.f.)
- o von Arbeiten oder Aufgaben, die vor einem liegen ............... Hornbeam
- o aus mangelndem Selbstvertrauen .......................................... Larch
- o von Schuld ................................................................... Pine

beleidigt ............................................................................... Willow

beliebt sein wollen, immer ....................................................... Heather

bemitleiden, zu sehr
- o sich selbst .................................................................. Chicory
- o andere ................................................................... Red Chestnut

benebelt (sich wie b. fühlen) .................................................. Clematis benommen .......................................................................................Clematis

bescheiden, zu ...............................................................................Centaury

beschmutzt (sich b. fühlen) .......................................................Crab Apple

beschuldigen, sich selbst ...................................................................Pine

Besessenheit.............................................................................Cherry Plum

Besitzgier, zu starke ....................................................................Chicory

Besserwisserei ................................................................................... Vine

betäubt, wie...................................................................................Clematis

bevormunden, zu sehr

- o   sich ... lassen.....................................................................Centaury
- o   andere aus Herrschsucht .......................................................... Vine
- o   andere aus einem Hang zur Weltverbesserei ......................... Vervain
- o   andere aus übertriebener Hilfsbereitschaft ... ..........................Chicory

Bewusstseinsstörungen ................................................................Clematis

Bewusstlosigkeit ............................................................................Clematis

binden, andere an sich ..................................................................Chicory

Bindungsangst ......................................................................... Water Violet

Blamage, unerträglich bzw. Furcht vor ... ................................. Heather

Blutdruckstörungen

<u>zu hoch als Folge von Stress:</u>

- o   durch Verbissenheit..................................................................... Oak
- o   durch übertriebenen Einsatz ..................................................... Vervain
- o   durch Ärger, Aggression und Wut ............................................. Holly
- o   durch Überforderungsgefühle................................................. Hornbeam
- o   durch akute Versagensangst ........................................................Elm
- o   durch Angst  (> Angst) ............................................................. Mimulus
- o   durch sehr starke / panische Angst ......................................... Rock Rose
- o   durch untergründige Bedrohungsgefühle .........................................Aspen
- o   mit Unruhe / Nervosität ..........................................................Impatiens
- o   mit Schlaflosigkeit / Nicht-Abschalten-Können .............. White Chestnut
- o   mit  Gereiztheit.......................................................................... Holly

<u>zu niedrig</u>

- o   infolge von Erschöpfung............................................................. Olive
- o   mit allgemeiner Antriebsarmut .............................................. Wild Rose

Blutreinigung ............................................................................Crab Apple

- o   bei allergischer Komponente.......................................................+ Beech

"border-liner" .........................................................................Cherry Plum

- o mit Kontaktstörungen / antisozialer Haltung ...................... Water Violet

Brust, Krankheiten der ........................................................................

- o li. Brust bei rechtshändiger Frau / re. Brust bei linkshändiger Frau
  ................................................................................ Honeysuckle
- o nach psychischem Trauma ......................... Star of Bethlehem
- o durch Liebes- / Beziehungsverlust ................................ Heather + Chicory

# C

"charakterlos"
- o durch Erpressung ........................................................ Centaury
- o durch > Inkonsequenz ....................................... Scleranthus
- o durch > Beeinflussbarkeit ......................................... Walnut

# D

Dankbarkeit erwarten ................................................................ Chicory

demütig (unterwürfig), übertrieben ..................................... Centaury

Demütigung, krankmachende ............................ Heather + Star of Bethlehem
- o Folge: Minderwertigkeitsgefühle ................................. + Larch
- o Folge: Menschenscheu ..................................... + Water Violet
- o Folge: Niedergeschlagenheit ...................................... + Gentian
- o Folge: Verbitterung, Hass ........................................ + Willow

Depression
- o unerklärliche, plötzlich auftretende ... ........................ Mustard
- o als Reaktion auf Misserfolge oder Probleme ............................ Gentian
- o infolge Sinnlosigkeit im Leben .................................... Wild Oat
- o sehr stark ....................................................... + Cherry Plum

Distanz halten, zu sehr .................................................. Water Violet

Disziplin
- o von sich selbst verlangen ................................ Rock Water
- o von anderen verlangen ................................................. Vine
- o dogmatische Einstellung .............................................. Vine
- o die man anderen aufzwingt ............................................ Vine
- o die man sich selbst aufzwingt ............................... Rock Water
- o die etwas mit Ordnung und Sauberkeit zu tun hat ................ Crab Apple
- o dominanter Charakter ................................................. Vine

Drogen, Hang zu ...
- o als Suche nach einer anderen (illusionären) Wirklichkeit ........... Clematis

- o als Flucht vor Problemen und Leiden ........................................Agrimony

Drückebergerei
- o aus Angst vor Unannehmlichkeiten..........................................Agrimony
- o aus mangelndem Selbstvertrauen....................................................Larch

Durchdrehen.................................................................................Cherry Plum

durcheinander sein ....................................................................Cherry Plum

Durchfall
- o aus Angst ...................................................... Mimulus + Rock Rose
- o aus Nervosität.......................................................................Impatiens
- o vor Terminen, Prüfungen, schweren Aufgaben ...................... Hornbeam
- o abwechselnd mit Verstopfung................................................Scleranthus
- o bei >>>Stress

Durchhaltekraft
- o zu gering ..................................................................................Gentian
- o übertrieben mit Verbissenheit .......................................................... Oak

# E

eifersüchtig
- o als negative Reaktion........................................................... Holly
- o bei drohendem Verlust eine Gefühlsbeziehung .........................+ Chicory

einsam (sich e. fühlen)............................................................. Heather

Einsamkeit
- o unerträglich .......................................................Heather + Cherry Plum
- o suchen .................................................................... Water Violet

einzelgängerisch ........................................................... Water Violet

eitel ............................................................................... Heather

Entscheidungsschwäche ..............................................................Scleranthus

enttäuscht................................................................................ Willow

egoistisch, zu..........................................................................Chicory

eigensinnig
- o weil man den eigenen Willen durchsetzen will............................ Vine
- o weil man sich keinen fremde Ansicht oder Ordnung aufzwingen lassen
  will .................................................................. Water Violet

Einfluss, schlechter / Schutz gegen s.E. ...................................Walnut

Einsatzfreude, übertrieben .................................................. Vervain

einschüchtern, sich lassen .................................................Centaury

Einzelgängerei.......................................................... Water Violet

# G

Gallenbeschwerden >>> Leberkrankheiten

Gedanken, zwanghaft, unangenehm ......................................... White Chestnut

geduldig, zu

- o aufgrund geistiger Abwesenheit / Tagträumerei .......................Clematis
- o aus allgemeinem Desinteresse .............................................. Wild Rose

Gefühlsausbrüche ...........................................................................Cherry Plum

Gefühlsqual.....................................................................................Cherry Plum

gehässig ....................................................................................... Holly

gehemmt und verlegen ...................................................................... Agrimony

- o aus moralischen Gründen.....................................................+ Pine

gehetzt

- o durch innere Unruhe ............................................................Impatiens
- o infolge zu großer Begeisterung / Tatendrang / Überaktivität ...... Vervain
- o infolge von Panik ................................................................. Rock Rose

gehorsam, zu ................................................................................Centaury

geistesabwesend ..........................................................................Clematis

Geistesgegenwart, mangelnde

- o aufgrund von geistiger Abwesenheit........................................Clematis
- o aufgrund von Panik................................................................ Rock Rose

Geltungsbedürfnis, übertrieben ...................................................... Heather

genau (übertrieben g.)

- o allgemein ...........................................................................Crab Apple
- o in Bezug auf Selbstdisziplin.......................................+ Rock Water

gereizt ........................................................................................ Holly

geschwätzig

- o um auf sich aufmerksam zu machen ......................................... Heather
- o um von sich abzulenken .......................................................Agrimony

Gesellschaft, übertriebenes Bedürfnis nach.......................... Heather

Gesundungswille, kein ................................................................Clematis

Gewissen, schlechtes ...................................................................Pine

Gewohnheiten ändern...................................................................Walnut

Gönnen (sich wenig g.) ................................................................Rock Water

grollen ........................................................................................ Willow

gutgläubig, zu................................................................................Walnut

gutmütig, zu ................................................................................Centaury

# H

hadern................................................................................... Willow

Haltung, schlechte, gebeugte

- o aus Unterwürfigkeit / Gehorsam................................Centaury
- o aufgrund von mangelndem Selbstbewusstsein.............Larch
- o aufgrund von Schuldgefühlen .......................................Pine
- o aufgrund von Erschöpfung ........................................ Olive
- o aufgrund von Überforderungsgefühlen ................. Hornbeam
- o aufgrund von Depressionen ....................................Mustard
- o aufgrund von Entmutigung........................................Gentian
- o aufgrund von Ängstlichkeit (eingezogenes Genick).................. Mimulus

hart

- o zu sich selbst.........................................Rock Water
- o zu anderen ............................................................ Vine
- o *mit Vorwürfen*...................................................... *Willow*

hastig

- o aus Ungeduld..........................................................Impatiens
- o aus Überaktivität ............................................... Vervain

Hautkrankheiten >>> Ekzem

heimlich tun(etwas verbergen)............................................Agrimony

Heimweh......................................................... Honeysuckle

Hektik........................................ Impatiens + Rock Rose + Vervain

helfen

- o starker Drang zum ... ..........................................Chicory
- o sich nicht h. lassen wollen ...........................Rock Water + Water Violet

herrisch .......................................................................... Vine

Herrschsucht................................................................... Vine

Herzbeschwerden

akute ....................................................... Rescue Remedy

- o durch Ärger............................................................... Holly
- o durch Empörung / Enttäuschung.................................... Willow

heuchlerisch.................................................................Agrimony

Hodenkrebs, psychischer Auslöser: Verlust.... Honeysuckle + Star of Bethlehem

Höflich, geheuchelt ........................................................Agrimony

Hoffnung

- o ohne............................................................ Gorse

- o zuvel, illusionär ...................................................................................Clematis

Hyperaktivität der Kinder
- o gegen die Unruhe .......................................................................Impatiens
- o gegen die geistige Getriebenheit ................................... White Chestnut
- o gegen die übertriebene Aktivität................................................ Vervain

Hypochondrie
- o in Bezug auf Krankheiten .......................................................Crab Apple
- o mit Entmutigung.......................................................................Gentian

Hysterie..............................................................................................Cherry Plum

# I

idealistisch ........................................................................................ Vervain

Illusionen, sich ... machen................................................................Clematis

Impotenz
- o durch Erschöpfung....................................................................... Olive
- o durch Selbstzweifel......................................................................Larch
- o durch Überforderungsgefühle ................................................. Hornbeam

indolent...............................................................................................Clematis

initiativelos ...................................................................................... Wild Rose

inkonsequent
- o durch > Willensschwäche, > Entmutigung....................................Gentian
- o durch > Ablenkbarkeit, > Sprunghaftigkeit............................Scleranthus

Insektenstiche........................................................................... Rescue Remedy

Interesselos

allgemein ........................................................................................ Wild Rose
- o mit Tendenz zu Tagträumereien .................................................Clematis
- o mit traurigen Gedanken ...................................................... Honeysuckle
- o mit Unaufmerksamkeit.......................................................Chestnut Bud

Intoleranz
- o als Selbstschutz, "allergisch" .........................................................Beech
- o man versucht, anderen die eigene Meinung aufzuzwingen............. Vine
- o man versucht, andere zur eigenen Meinung zu bekehren........... Vervain

Isolation (in die I. geraten)
- o durch Hetzerei .........................................................................Impatiens
- o durch Einzelgängerei / Unnahbarkeit / Stolz........................ Water Violet

## J

Juckreiz ........................................................................Impatiens

## K

kapitulieren, zu schnell ......................................................Gentian

kasteien, sich selbst ......................................................Rock Water

kleinlich

- o und pedantisch ....................................................Crab Apple
- o und dogmatisch .............................................................. Vine
- o in dem, was man sich selbst abverlangt ..............Rock Water

Klimakterium ..................................................................Walnut

Knick in der Lebenslinie, durch erschütterndes Erlebnis ........ Star of Bethlehem

kompromisslos

- o und verbissen in seinem Handeln ...................................... Oak
- o im Anspruch gegenüber anderen ..................................... Vine
- o im Anspruch gegen sich selbst .............................Rock Water

konfliktscheu

- o mit feigem Ausweichen .......................................... Agrimony
- o mit vorschnellem Aufgeben bei Schwierigkeiten .......................Gentian

Kontaktprobleme

- o durch Einzelgängerei oder Überheblichkeit .................... Water Violet
- o durch Depression ...................................................Mustard
- o aufgrund von Minderwertigkeitsgefühlen ................... Larch

kontrollieren

- o sich selbst im  Sinne von Selbstdisziplin ...........................Rock Water
- o sich selbst aus Furcht vor Unregelmäßigkeiten / Verunreinigung ........
........................................................................ Crab Apple
- o andere ...................................................................... Vine

Konzentrationsstörung

- o durch Ablenkbarkeit .............................................Scleranthus
- o durch Nervosität / Ungeduld.....................................Impatiens
- o durch geistige Abwesenheit .......................................Clematis
- o durch Angst .........................................................Mimulus
- o durch panische Angst ........................................... Rock Rose
- o durch untergründige, unerklärliche Angst .......................Aspen

Kopfschmerzen  / im Stirnbereich, durch geistige Arbeit .......... White Chestnut

Kraftlos

- o immer oder seit einiger Zeit ........................................................ Olive
- o plötzlich aus voller Leistungsfähigkeit ...................................Elm

Krämpfe ...........................................................................Agrimony

Krankheit,   Reaktion auf eine K. oder  Verhalten während einer
- o Verdrängung..............................................................Agrimony
- o irrationale Angst .............................................................Aspen
- o betont (künstlich) positives Denken .................................Beech
- o klagloses Akzeptieren ...................................................Centaury
- o Verunsicherung und ständige Suche nach Rat .............................Cerato
- o Hysterie, Durchdrehen .....................................Cherry Plum
- o keine Einsicht in krankmachende Fehler .............................Chestnut Bud
- o Selbstmitleid oder Trostbedürfnis ...................................Chicory
- o Desinteresse oder Todessehnsucht................................Clematis
- o Hypochondrie ..............................................................Crab Apple
- o akute Versagensangst.....................................................Elm
- o Entmutigung, Aufgeben - besonders bei Rückfällen ...................Gentian
- o Hoffnungslosigkeit, Resignation ................................ Gorse
- o starkes Zuwendungsbedürfnis oder Wichtigtuerei  .................. Heather
- o Verärgerung....................................................................... Holly
- o Trauer und wehmütige Gedanken an frühere Zeiten ......... Honeysuckle
- o Überforderungsgefühle ............................................... Hornbeam
- o Ungeduld, Unruhe ...........................................................Impatiens
- o Verlust des Selbstvertrauens, Minderwertigkeitsgefühle ...............Larch
- o Furcht ........................................................................ Mimulus
- o tiefe Depression  .......................................................Mustard
- o Kampfgeist (sich Nicht-unterkriegen-lassen)................................ Oak
- o totale Erschöpfung .......................................................... Olive
- o Schuldgefühle / Sühnebereitschaft ....................................Pine
- o selbstlose Sorgen um andere .......................................Red Chestnut
- o panische Angst.............................................................. Rock Rose
- o strenge Selbstdisziplin ...................................................... Rock Wat
- o Unentschiedenheit oder Launen .....................................Scleranthus
- o schockiert, unglücklich ...................................... Star of Bethlehem
- o Verzweiflung...................................................... Sweet Chestnut
- o ungebrochener Tatendrang....................................... Vervain
- o herrisches Gehabe, Herumkommandieren ...................................... Vine
- o starke Beeinflussbarkeit ....................................................Walnut

- o Sich-Zurückziehen, Kontaktarmut ........................................ Water Violet
- o ständiges besorgtes Daran-denken ............................... White Chestnut
- o Unklarheit, Sinnverlust ............................................................ Wild Oat
- o Apathie ................................................................................ Wild Rose
- o Verbitterung / Schicksalshader / Vorwürfe .................................. Willow

Krebs (wird meist durch schwere psychische Konflikte bzw. Verletzungen ausgelöst. Therapeutisch kommt es darauf an, das psychische Gleichgewicht wiederherzustellen, bzw. vorbeugend darauf hinzuwirken, dass die Konflikte nicht auftreten können (Motto: Wer das loslassen oder akzeptieren kann, was ihm das Schicksal abverlangt, kann daran nicht zerbrechen).

Basiskombination:
- o gegen das Trauma oder den Diagnoseschock ............. Star of Bethlehem
- o gegen die Hoffnungslosigkeit ......................................................... Gorse
- o gegen die Verzweiflung .................................................. Sweet Chestnut
- o gegen die Angst .............................. Mimulus + Rock Rose + Cherry Plum
- o gegen die negativen Gedanken ....................................... White Chestnut
- o bei starken, überwältigenden Gefühlen ............................ + Cherry Plum
- o bei Verbitterung ........................................................................... Willow
- o bei Minderwertigkeitsgefühlen, Selbstwertkonflikten ................... Larch
- o bei Trauer über einen Verlust ............................................. Honeysuckle
- o Krankheit wird als Strafe gesehen ..................................................Pine
- o man fühlt sich ungeliebt ............................................ Chicory + Heather

Kreislaufprobleme >>> Blutdruck

kribbelig ...................................................................................... Impatiens

Kritik, Furcht vor ... ...............................................................................Pine

Kritisieren (Neigung zu K.)
- o nörglerisch ................................................................................... Beech
- o mit Forderung nach Änderung ........................................................ Vine
- o vorwurfsvoll ................................................................................. Willow

kümmern, sich
- o zu wenig um die Dinge, die einen angehen. .............................Clematis
- o zu viel um das Wohlergehen anderer ........................................ Chicory
- o zu viel um Dinge, die einen nicht angehen
  - ▪ aus Weltverbesserei ....................................................... Vervain
  - ▪ aus Herrschsucht ................................................................. Vine

künstlich .................................................................................. Agrimony

Kurzschlusshandlung ....................................................... Cherry Plum

# L

Laune ........................................................................................................
- o   wechselnde...........................................................Scleranthus
- o   schlechte, depressive ..........................................Mustard
- o   schlechte, gereizte..................................................... Holly

lebensmüde ...........................................................................Clematis

Leber (Krankheiten der L.)
- o   durch Stress >durch Ärger ....................................... Holly
- o   durch Enttäuschung / Verbitterung ............................. Willow
- o   mit Depressionen .....................................................Mustard
- o   mit Müdigkeit ................................................................ Olive
- o   mit Apathie ........................................................ Wild Rose

Legasthenie.................................... Chestnut Bud + Gentian

Lernschwäche ....................................................Chestnut Bud

Liebesbedürfnis, übertriebenes.............................Chicory + Heather

lieblos ....................................................................... Holly

Lob, Bedürfnis nach ... ....................................... Heather

Loslassen (nicht l. können)
- o   aufgrund von Verbissenheit oder Sturheit ........................... Oak
- o   etwas, was man verloren hat  ............................. Honeysuckle
- o   etwas, was man haben oder besitzen will...................Chicory
- o   Rachegedanken ..................................... Willow + Holly + White Chestnut

Lungenembolie / durch Demütigung
  ................................................ Rescue Remedy + Heather + Star of Bethlehem

lustlos.........................................................Mustard + Wild Rose

Lymphsystem,   Krankheiten des L
- o   durch Selbstwertkonflikte / Minderwertigkeitsgefühle ..................Larch
- o   durch Schuldgefühle.........................................................Pine


# M

manisch >>> Unternehmungslust

manisch-depressive Zustände ........................ Mustard + Vervain + Scleranthus

Maske (eine M. tragen) ...................................................Agrimony

maßlos ................................................................ Vervain

menschenscheu ......................................................... Water Violet
- o   aus Ängstlichkeit..........................................................+ Mimulus
- o   aufgrund von Minderwertigkeitsgefühlen ...................................+ Larch

88

o aufgrund von schlechten Erfahrungen .................... + Star of Bethlehem
o aufgrund von Depressionen ...................................... + Mustard
o aufgrund von Verbitterung........................................+ Willow
Minderentwicklung, geistige ...................................... + Chestnut Bud
Minderwertigkeitsgefühle ..............................................Larch
Misserfolge
o durch vorzeitiges Aufgeben........................................Gentian
o durch ungenügendes Selbstvertrauen ...........................Larch
o durch Unaufmerksamkeit..................................Chestnut Bud
missionarisch ............................................................. Vervain
misstrauisch
o allgemein negativ eingestellt...................................... Holly
o mit übertriebener Ängstlichkeit ...........................Holly + Aspen
Mitleid >>> bemitleiden
moralisch, zwanghaft ....................................................Pine
müde............................................................................ Olive
mutlos
o im Sinne von entmutigt ...........................................Gentian
o im Sinne von furchtsam........................................ Mimulus


# N

nachgeben (nicht n. können)
o grundsätzlich, aus Verbissenheit ...................................... Oak
o aus Dominanzbedurfnis........................................... Vine
nachgiebig, zu
o aus übertriebener "Gutmütigkeit" / aus Furcht vor Stärkeren ..Centaury
o bei unerwarteten Problemen (Willensschwäche) .......................Gentian
nachtragend................................................................. Willow
Narben (physisch oder psychisch) ... ..................................... Star of Bethlehem
negative Haltung
allgemein ...................................................................... Holly
o mit Vorwurfscharakter / Verbitterung ......................+ Willow
neidisch........................................................................ Holly
nervös .....................................................................Impatiens
o sehr n. und erregt.............................................+ Cherry Plum
Neubeginn, Hilfe bei einem .......................................Walnut
niedergeschlagen >>> depressiv

Nierenkrankheit ................................................................................
    o   durch schlechte, lieblose Behandlung ...................... Heather
    o   durch Liebesverlust ...................................................Chicory
nörglerisch .................................................................................Beech
Notfälle ...................................................................... Rescue Remedy

# O

Ohnmacht ...............................................................................Clematis
Operationen / gegen Komplikationen, zur Wundheilung.......... Rescue Remedy
ordentlich, übertrieben ...................................................Crab Apple
    o   mit großer Selbstdisziplin ...................................... + Rock Water

# P

Perfektionistisch
    o   im Sinne von pedantisch.........................................Crab Apple
    o   weil man grundsätzlich bis zum Letzten geht.................................... Oak
    o   weil man Kritik fürchtet ...........................................Pine
Panik ...................................................................... Rock Rose
pedantisch .............................................................Crab Apple
Persönlichkeitsentwicklung ........................................Walnut
pessimistisch ............................................................ Gorse
Pflicht, wird erfüllt
    o   aus moralischen Gründen............................................Pine
    o   aus Furcht vor Strafe .................................................Pine
    o   mit großer Selbstdisziplin ("pflichtbewusst") ........................ Rock Water
pingelig ...................................................................Crab Apple
Platzangst.............................................................. Water Violet
Probleme
    o   aus mangelndem Selbstvertrauen...................................Larch
    o   aus Willensschwäche.................................................Gentian
    o   aufgrund eines Überforderungsgefühls ................... Hornbeam
    o   ausweichen (P. ausweichen) .....................................Agrimony
    o   als Herausforderung betrachten ...................................... Oak
    o   mit Gewalt zu lösen versuchen ...................................... Vine
    o   bagatellisieren / nicht sehen ...................................... Vervain
Prüfungen
    o   gegen das Gefühl, überfordert zu sein ................... Hornbeam

- o gegen mangelndes Selbstvertrauen ................................................Larch
- o gegen Furcht ............................................................................Mimulus
- o gegen Nervosität und Unruhe ...............................................Impatiens
- o zur Förderung der Konzentration .............White Chestnut + Scleranthus
- o für Kaltblütigkeit, Geistesgegenwart ..................................... Rock Rose

Psychose ..........................................................................Cherry Plum

Psychotherapie zur Unterstützung von ... / gegen Verdrängungen .....Agrimony

Pubertät...............................................................................Walnut


# Q

Qualen, innere
- o durch Verdrängung (werden nicht gezeigt)..............................Agrimony
- o durch Gefühlskonflikte ......................................................Cherry Plum
- o mit Verzweiflung ........................................................ + Sweet Chestnut


# R

Rat suchen, überall .....................................................................Cerato

Ratschläge geben, ungefragt ....................................................... Vervain

Rechthaberei........................................................................... Vine

reizbar ................................................................................ Holly
- o sehr stark ..................................................................+ Cherry Plum

resigniert
- o mit dem Leben abgeschlossen ...................................... Gorse
- o am Leben uninteressiert........................................... Wild Rose
- o entmutigt.................................................................Gentian

romantisch.................................................................. Honeysuckle

Rückfall in der Genesung ...................................................Gentian

rücksichtslos bei der Durchsetzung des eigenen Willens ........................... Vine

Ruhe
- o keine geistige R. finden ...................................... White Chestnut
- o keine körperliche R. finden....................................Impatiens


# S

Sauberkeitsbedürfnis, zu groß .......................................Crab Apple

"sauer" sein ..................................................................... Willow

schämen, sich

- o oft oder stark .................................................................................Pine
- o zu wenig............................................................................ Water Violet

Schicksalshader............................................................................... Willow

Schilddrüse, Erkrankung
- o Überfunktion ........................................................ Impatiens + Vervain
- o Unterfunktion ......................................................... Wild Rose + Olive

Schizophrenie, aufgrund schwerer psychischer Konflikte ...............Cherry Plum

schläfrig.......................................................................................Clematis

Schlafstörungen durch geistige Überaktivität oder Probleme ... White Chestnut

Schlaganfall
- o zur Rehabilitation nach einem........Star of Bethlehem + Chestnut Bud

schlampig.......................................................................................Clematis

schlapp machen ..................................................................................Elm

Schmeicheleien
- o sehr anfällig für ........................................................... Heather
- o anderen in unterwürfiger Form schmeicheln...........................Centaury

Schmerzen ...........................................................Rescue Remedy + Agrimony

schmollen................................................................................. Willow

Schmutz, überempfindlich gegen .....................................Crab Apple

Schock..................................................................... Star of Bethlehem

schreckhaft ...................................................... Mimulus + Rock Rose
- o sehr stark ...........................................................+ Cherry Plum

schüchtern
- o aus Angst ............................................................... Mimulus
- o aus Mangel an Selbstvertrauen.......................................Larch

Schuldgefühle ..................................................................................Pine

schweigsam................................................................... Water Violet

schwermütig >>> Depression

Seelenqual .............................................. Agrimony + Cherry Plum

Sehnsucht
- o mit Trauer .......................................................... Honeysuckle
- o nach dem Tode oder dem Jenseits.....................................Clematis

Sehstörungen häufiger Grund: Angst ..................Mimulus + Aspen + Rock Rose
- o als Folge eines erschütternden Erlebnisses...............+ Star of Bethlehem
- o bei Angst vor Strafe .................................................+ Pine

Selbstbeherrschung, zu stark...........................................Rock Water

Selbstbewusstsein, zu gering ...................................................Larch

Selbstdisziplin, übertriebene ....................................................... Rock Water

Selbstgerechtigkeit als Grundlage einer Vorwurfshaltung ..................... Willow

Selbstkasteiung .................................................................... Rock Water

Selbstkontrolle, zu stark ......................................................... Rock Water

Selbstmitleid ..........................................................................Chicory

    o   mit Verbitterung.................................................................+ Willow

Selbsttötung (-„mord"), Gefahr bei unerträglicher Gefühlsqual ......Cherry Plum

Selbstvertrauen, zu wenig ........................................................... Larch

Selbstverurteilung......................................................................Pine

sentimental........................................................... Honeysuckle

Sexualstörungen

    o   durch Schmutzigkeitsvorstellungen ..................................Crab Apple

    o   durch moralische Vorbehalte ............................................Pine

    o   durch Minderwertigkeitsgefühle.......................................Larch

    o   durch Selbstunterdrückung ("Keuschheit, Zölibat")..............Rock Water

Sinn im Leben, kein ....................................................... Wild Oat

Skrupel

    o   zu viele.....................................................................Pine

    o   zu wenige im Umgang mit anderen.................................... Vine

    o   zu wenige, weil man seine eigene Moral besitzt................. Water Violet

Sonnenbrand .......................................................... Rescue Remedy

Sorgen

    o   sich zu viele S. um andere machen ....................................Red Chestnut

    o   sich zu viel um andere kümmern (Fürsorge) ...............................Chicory

Spannungen, innere

    o   durch Verbissenheit......................................................... Oak

    o   durch Verdrängung von Problemen .....................................Agrimony

Spaßmacher

    o   um von sich (seinen persönlichen Problemen) abzulenken ......Agrimony

    o   um auf sich aufmerksam zu machen ................................... Heather

Sprunghaftigkeit ......................................................Scleranthus

stolz..................................................................... Water Violet

Stottern

    o   für Selbstvertrauen.................................................... Larch + Heather

        ▪   zur Koordination der Stimmbildungsorgane ...............+ Scleranthus

        ▪   gegen die Erwartungsangst .............................................+ Mimulus

        ▪   gegen das zugrundeliegende Trauma ...............+ Star of Bethlehem

- gegen Entmutigung ...........................................+ Gentian

Strafe (Probleme oder Krankheit als S. betrachten)....................Pine

Streit
- o Furcht vor ... ...............................................Agrimony
- o als Mittel, den eigenen Willen durchzusetzen ................ Vine

streng
- o zu anderen ................................................ Vine
- o zu sich selbst........................................Rock Water

Stress
- o durch Verbissenheit................................................ Oak
- o durch übertriebenen Einsatz ................................. Vervain
- o durch starke Angst................................. Rock Rose + Mimulus
- o durch Überforderungsgefühle................................. Hornbeam
- o durch Unzulänglichkeitsgefühle .....................................Larch
- o durch unangenehme Zwangsgedanken......................... White Chestnut
- o mit sehr starkem Gefühlsdruck .....................+ Cherry Plum
- o mit Schlaflosigkeit............................. + White Chestnut

stur
- o und verbissen bei allem, was man tut.............................. Oak
- o und dogmatisch gegenüber anderen .............................. Vine

Sucht >>> Drogen

sündig, sich ... fühlen ....................................................Pine

Sympathie, sehr starkes Bedürfnis nach ............................... Heather


# T

Tadel
- o Furcht vor ... ...............................................Pine
- o andere tadeln im Sinne eines Vorwurfs ..................... Willow
- o andere tadeln im Sinne von Herumnörgeln ...................Beech

Tagträumerei ....................................................Clematis

Tatendrang, übertrieben ....................................... Vervain

täuschen (andere oder sich selbst)......................Agrimony

Todessehnsucht ....................................................Clematis

Toleranz, übertrieben .............................................Beech

Ton (den T. angeben wollen) ................................. Vine

Trauma, seelisches
- o Basismittel .................................. Star of Bethlehem

- durch Demütigung, Blamage oder Ablehnung....................+ Heather
- durch Liebesentzug ....................................................+ Chicory
- durch Freiheitsentzug ................................................ + Water Violet
- durch unverarbeiteten Verlust ..................................... Honeysuckle

traurig
- wegen eines Verlustes ........................................ Honeysuckle
- unter traumatisierenden Bedingungen ...................... Star of Bethlehem

trostbedürftig ........................................Chicory + Heather + Star of Bethlehem

trotzig................................................................... Water Violet

# U

überaktiv und unternehmungslustig ....................................... Vervain

überdreht.........................................................Cherry Plum

überempfindlich
- allgemein ............................................................ Agrimony
  - aufgrund eines psychischen Traumas ................... Star of Bethlehem

übererregt.......................................................Cherry Plum

überfordert, sich ... fühlen ...................................... Hornbeam

übergenau................................................................Crab Apple

überheblich................................................... Water Violet

überzeugt, zu ........................................................ Vervain

überwachen >>> Kontrollieren

Unabhängigkeitsbedürfnis
- zu groß................................................... Water Violet
- zu klein......................................................Centaury

unanständig
- sich ... fühlen ...................................................Pine
- andere als ... bezeichnen ...................................Willow + Pine

unaufmerksam.......................................................Chestnut Bud

unausgeglichen.....................................................Scleranthus

unbeherrscht ....................................................Cherry Plum
- wütend .....................................................+ Holly

unbeständig ......................................................Scleranthus

unehrlich.........................................................Agrimony

unempfindlich gegen Schmerz oder Krankheit ....................Clematis

unentschieden .....................................................Scleranthus

Unfall ..................................................... Rescue Remedy

unfreundlich ........................................................................ Holly
   ○   mit Vorwürfen .........................................................+ Willow
ungeduldig ....................................................................Impatiens
   ○   aufgrund von Panik............................................ + Rock Rose
ungeliebt, sich ... fühlen....................................Chicory + Heather
ungenau ........................................................................Clematis
ungerecht
   ○   man fühlt sich u. behandelt........................................ Willow
   ○   man ist u. aus Dogmatismus oder Herrschsucht ............................. Vine
   ○   man ist u. aufgrund von schlechter Laune / Gereiztheit ................. Holly
ungesellig ................................................................. Water Violet
unglücklich
   ○   durch Traume / belastende Situation......................... Star of Bethlehem
   ○   wegen eines Verlustes......................................... Honeysuckle
   ○   wegen eines Misserfolges oder zu großer Probleme ..................Gentian
unheimlich (etwas erscheint einem u,) ....................................Aspen
Unklarheit ................................................................. Wild Oat
Unmoralisch >>> unanständig
unnachgiebig................................................................... Oak
unnahbar ................................................................. Water Violet
unnatürlich.................................................................Agrimony
unordentlich ...............................................................Clematis
unpünktlich..................................................................Clematis
unrealistisch..................................................................Clematis
unrein (sich u. finden)................................................. Crab Apple
unruhig.......................................................................Impatiens
unschön (sich u. finden)................................................Crab Apple
   ○   und dadurch minderwertig...............................................Larch
unselbständig................................................................Cerato
unsicher
   ○   man weiß nicht, was man tun soll ..................................Cerato
   ○   man traut sich zu wenig zu .........................................Larch
unterdrücken
   ○   sich selbst ........................................................Rock Water
   ○   andere ............................................................... Vine
unterlegen (sich u. fühlen)..............................................Larch
Unternehmungslust, zu groß ................................................ Vervain

unterordnen, sich

- o zu wenig ........................................................ Water Violet + Vine
- o zu viel ............................................................ Centaury

unterwürfig ............................................................ Centaury

untröstlich .................................... Star of Bethlehem + Honeysuckle


# V

Verantwortung

- o Abneigung gegen ...
  - ▪ aufgrund eines Unzulänglichkeitsgefühls ...................... Larch
  - ▪ aufgrund eines Unabhängigkeitsbedürfnisses .............. Water Violet
- o Bereitschaft zu ...
  - ▪ aufgrund eines Führungsanspruches .......................... Vine
  - ▪ um etwas in der Welt zu verbessern ...................... Vervain
- o wird zwanghaft erfüllt
  - ▪ aus moralischen Gründen ................................. Pine
  - ▪ aus Furcht vor Kritik / Strafe ............................ Pine
- o kann aus Sturheit nicht mehr abgegeben werden ........................... Oak

verbergen

- o seinen wahren Zustand ............................................ Agrimony
- o sich hinter einer Maske der Unnahbarkeit ........ Agrimony + Water Violet

Verbrennung ............................................... Rescue Remedy

verlegen ...................................................... Agrimony

Verfolgungswahn .......................................... Water Violet

- o stark .................................................... + Cherry Plum
- o mit Panik ............................................... + Rock Rose

verführbar aufgrund von Offenheit und Gutgläubigkeit ...................... Walnut

verklemmt ...................................................... Agrimony

verkrampft

- o durch Furcht vor Unangenehmem ............................... Agrimony
- o durch Verbissenheit und Unfähigkeit, nachzugeben ...................... Oak
- o durch Selbstunterdrückung / starke Selbstdisziplin .............. Rock Water

Verletzung, psychisch und physisch ...................... Star of Bethlehem

- o bei Notfällen, Unfällen ................................ Rescue Remedy

verstört ............................................ Star of Bethlehem + Cherry Plum

verträumt ...................................................... Clematis

verzichtbereit

- o aus Gehorsam oder Unterwürfigkeit ......................................... Centaury
- o wegen mangelnden Selbstvertrauens ............................................... Larch

verzweifelt ................................................................................ Sweet Chestnut

# W

wechselnde Stimmungen manisch - depressive Zustände ...................................
............................................................ Mustard + Vervain + Scleranthus

wehleidig ........................................................................................ Agrimony

Wetterfühligkeit
- o mit deprimierter Stimmung........................................................Mustard
- o mit bangen Gefühlen ...................................................................Aspen
- o mit Gereiztheit........................................................................... Holly
- o mit Unruhe ...............................................................................Impatiens
- o mit Schwächezuständen ............................................. Hornbeam + Olive
- o mit Pessimismus ........................................................................ Gorse

Widerspruch
- o verträgt keinen .......................................................................... Vine
- o neigt zu W. aus Herrschsucht .......................................................... Vine
- o neigt zu W. aus grundsätzlicher Opposition ........................ Water Violet

wütend.................................................................................................. Holly

# Einsatzmöglichkeiten der Bach-Mittel
## bei Krankheiten

| ORGAN | KRANKHEIT | MÖGLICHE URSACHEN | | MÖGLICHE BACH-MITTEL |
|---|---|---|---|---|
| **Kopf** | Migräne, Kopfschmerz | Stress | Angst | Mimulus, Rock Rose, Aspen, Red Chestnut, Agrimony, White Chestnut |
| | | | Aggression, Wut, Empörung | Holly, Willow, White Chestnut |
| | | | Gier/Verbissenheit, Leistungsdruck | Oak, Elm, Impatiens, Vervain, Vine, White Chestnut |
| | | | Emotion | Cherry Plum |
| | Haarausfall | Stress | Angst | Mimulus, Rock Rose, Aspen, Red Chestnut, Agrimony, White Chestnut |
| | | | Gier/Verbissenheit, Leistungsdruck | Oak, Elm, Impatiens, Vervain, Vine, White Chestnut |
| | Gedächtnis / Alzheimer | Stress / Überforderung / Abbau | | Clematis, Elm, Hornbeam |
| | Schlaganfall | Revierkonflikt | | Star of. Bethl., Heather, Larch, Gorse |
| **Augen** | Sehschwäche grauer Star | Angst | | Mimulus, Aspen, Rock Rose, Red Chestnut, Hornbeam |
| | | ungeweinte Tränen | | Honeysuckle / Agrimony / Rock Water |

| | | | |
|---|---|---|---|
| | | Erschöpfung, Schwäche | Olive, Elm |
| | | Realitätsflucht, Desinteresse | Clematis, Honeysuckle |
| | | Überlastung, Leistungsstress | Elm, Olive, Star of B., Oak, Vine |
| | Bindehaut-entzündung | Allergie | Beech, Crab Apple |
| | grüner Star | Angst | Mimulus, Aspen, Rock Rose, Red Chestnut, Hornbeam |
| | | Überlastung, Leistungsstress | Elm, Olive, Star of B., Oak, Vine |
| **Nase / Neben-höhlen** | Heuschnupfen | Unverträglichkeit, Intoleranz, Allergie | Beech / Holly / Impatiens / Crab Apple |
| | chronischer Schnupfen | „Nase voll" / Ekel, schlechte Gerüche | Holly, Willow, Star of. B., Beech, Crab Apple |
| | Nebenhöhlen | ungeweinte Tränen | Honeysuckle / Agrimony / Rock Water |
| **Ohren** | Tinnitus<br><br>Schwerhörigkeit | Stress (Angst vor Leid oder Verlust / Versagen) | Mimulus, Aspen, Rock Rose, Red Chestnut, Cherry Plum, Elm, Hornbeam |
| | | Hörtrauma | Star of Bethlehem + Mittel für die Art des Traumas |
| **Mund, Hals** | Mandel-entzündung | Gier-Stress, man nimmt sich mehr vor, als man schaffen oder erreichen kann /<br><br>man steht vor einer Aufgabe, die man als zu groß / schwer empfindet | Vervain, Oak, Elm, Chicory<br><br><br>Hornbeam, Elm, Mimulus, Olive |
| | Heiserkeit | Man überfordert seine Stimme | Elm, Olive |

| | | | |
|---|---|---|---|
| | | Man sagt Dinge, die einem gegen den Strich gehen | Rock Water, Holly, Willow |
| | | Man lügt / man hat Angst | Agrimony, Pine, Mimulus, Aspen, Rock Rose, Cherry Plum |
| **Zähne** | Karies Parodontose | Man beißt die Zähne zu sehr zusammen, man kaut mit zu viel Gewalt | Oak, Vine, Vervain, Rock Water, Holly |
| | Zähneknirschen | Man steht nachts unter emotionalen Spannungen (Angst, Aggressionen, Gier) | Holly, Willow, Mimulus, Aspen, Oak, Vine, Vervain, Agrimony |
| **Schild-drüse** | Überfunktion | Man will zu viel oder etwas immer zu schnell erreichen, man steht unter Zeitdruck Angststress | Vervain, Impatiens, Elm, Hornbeam, Rock Water Mimulus, Aspen, Rock Rose, Red Chestnut, Cherry Plum |
| | Unterfunktion | Man hat keine Initiative, kein Interesse | Wild Rose, Clematis, Olive, Gentian |
| **Lungen** **Lungen** | Husten, Bronchitis | Allergie | Beech, Holly, Walnut, Crab Apple |
| | | Verlegenheit | Agrimony, Mimulus, Larch, Pine |
| | Lungen-entzündung, Husten, Bronchitis, | Angst | Mimulus, Rock Rose, Aspen, Star of. B., Red Chestnut, Heather |
| | Schwindsucht, Husten, Bronchitis, | Kummer | Honeysuckle, Star of. B., Mustard, Red Chestnut, Gorse |
| | Lungenembolie (?) | Demütigung, Revierverlustangst | Heather / Star of. Bethl., Mimulus, Larch |

| | | | | |
|---|---|---|---|---|
| | Lungenkrebs („Rundherd") | Todesangst | | Rock Rose, Mimulus, Aspen, Cherry Plum, Gorse, Star of. Bethlehem |
| | Bronchialkrebs (?) | Demütigung, Revierverlustangst | | Heather, Star of Bethlehem, Mimulus, Rock Rose, Vine |
| **Herz** | Herzschwäche | Überforderung, Erschöpfung | | Elm, Olive |
| | Herzinfarkt, Angina pectoris, "Herzschlag" | Revierkämpfe, Machtkampf, Leistungsstress, Überforderung, Angst | | Elm, Oak, Vine, Heather, Star of Bethl., Mimulus, Rock Rose, Rescue + Impatiens |
| | | Schock | | Rock Rose + Cherry Plum, Star of Bethlehem |
| | | Angst | | Mimulus, Rock Rose, Aspen, Cherry Plum |
| | Herzmuskel-entzündung | Leistungsstress, Überforderung | | Olive, Elm, Star of. Bethl., Hornbeam, Gentian |
| **Kreis-lauf** | niedriger Blutdruck | Antriebslosigkeit | | Wild Rose, Olive |
| | | mangelndes Selbstvertrauen | | Larch, Mimulus |
| | | Interesselosigkeit | | Clematis, Wild Rose |
| | hoher Blutdruck | Stress | Angst | Mimulus, Rock Rose, Aspen, Red Chestnut, Agrimony, White Chestnut, Cherry Plum |
| | | | Aggression, Wut, Empörung | Holly, Willow, White Chestnut |
| | | | Gier, Verbissenheit, Leistungsdruck | Oak, Elm, Impatiens, Vervain, Vine, White Chestnut |
| | | | Emotionen | Cherry Plum + obige Mittel |

| | | | | |
|---|---|---|---|---|
| **Magen** | Gastritis, Sodbrennen | Überforderung, Leistungsdruck | | Hornbeam, Larch, Elm, Oak, Vervain, Rock Water |
| | Magengeschwür | Leistungsdruck, Ärger | | Oak, Vervain, Impatiens, Hornbeam, Holly, Willow, Cherry Plum |
| | | Gefühl der Heimatlosigkeit | | Honeysuckle, Water Violet, Heather, Larch |
| | Magenkrebs | „Revierärger", Verbitterung, Groll | | Willow, Holly, Cherry Plum, Star of. Bethl. |
| **Darm** | Durchfall | Angst / Unruhe | | Mimulus, Rock Rose, Aspen, Cherry Plum, Impatiens, Vervain |
| | | Allergie | | Beech, Holly, Impatiens, Crab Apple |
| | Verstopfung | Stress | Angst | Mimulus, Rock Rose, Aspen, Red Chestnut, Agrimony |
| | | | Verbissenheit, Leistungsdruck | Oak, Elm, Vine, Rock Water, Pine |
| | | unverdaulicher Ärger | | Willow, Holly, Cherry Plum, Star of. Bethl |
| | Darmkrebs | Belastung durch etwas „Unverdauliches" | Ärger, Hass | Holly, Willow, Cherry Plum, Star of Bethl. |
| | | | Verbitterung Enttäuschung | Willow, Holly, Star of Bethlehem |
| | | | seelisches Trauma | Star of Bethlehem + entsprechendes Mittel |
| | Dickdarmerkrankungen | Dogmatisches Denken | | Vine, Crab Apple, Rock Water, Crab Apple |
| | Dünndarmerkrankungen | Gefühl von Verlorenheit / Einsamkeit | | Honeysuckle, Heather, Larch, Water Violet |

| | | | |
|---|---|---|---|
| **Rectum**<br><br>**End-<br>darm** | Krebs,<br>Entzündungen,<br>Hämorrhoiden | Identiätsprobleme, Nicht<br>wissen, wohin man gehört oder<br>was man tun soll | Wild Oat, Scleranthus,<br>Cerato, Larch, Water Violet |
| | | Angst (Zusammenkneifen) | Mimulus, Aspen, Rock<br>Rose, Centaury, Larch,<br>Rock Water |
| **Bauch-<br>speichel<br>-drüse** | Entzündung /<br>Krebs | Ärger im Zusammenhang mit<br>dem eigenen Revier | Holly, Willow, Cherry Plum,<br>Star of Bethl, Chicory |
| | Diabetes | Sich gegen etwas / jemanden<br>sträuben | Holly, Willow, Vine, Water<br>Violet |
| | Pankreas-<br>erkrankungen | niedriges Selbstwertgefühl<br><br>(Versagen, Unfähigkeit) | Larch, Centaury, Heather,<br>Cerato, Hornbeam, Gentian |
| **Leber,<br>Galle** | Entzündung,<br>Leberzirrhose | Revierärger, Wut | Holly, Willow, Vine,<br>Chicory, Heather |
| | | Leistungsstress | Vine, Vervain, Oak,<br>Hornbeam, Elm |
| | | Depression | Mustard, Gentian, Gorse |
| | Krebs | Verhungerungsangst,<br>Existenzbedrohung | Mimulus, Rock Rose,<br>Aspen, White Chestnut,<br>Chicory |
| **Niere** | Entzündung,<br>Steine | Revierprobleme, schlechte<br>Behandlung | Centaury, Larch, Star of.<br>Bethl., Heather, Chicory |
| | | Angst, Schuldgefühle | Mimulus, Aspen, Rock<br>Rose, Pine, Cherry Plum |
| **Blase** | Entzündung | Reviermarkierungsprobleme,<br>Standortbestimmungsprobleme | Larch, Cerato, Scleranthus,<br>Wild Oat, Vine |
| **Genital<br>weiblich** | Ovarien | Verlust | Honeysuckle, Chicory,<br>Heather, Star of. Bethl. |

| | | | |
|---|---|---|---|
| | | Hässlicher Erlebnisschock durch einen Mann im Zusammenhang mit der Sexualität | Star of Bethlehem, Heather, Chicory, Larch, Crab Apple |
| | Uterus / Myom | unerfüllter Kinderwunsch | Chicory, Honeysuckle, Heather |
| | Entzündungen / Pilze | sexuelle Frustration, Probleme mit Sexualität, | Star of Bethlehem, Gentian, Gorse, Crab Apple, Impatiens (Juckreiz), Larch, Willow |
| | | Scham | Pine, Crab Apple, Agrimony, Mimulus |
| | | Minderwertigkeitsgefühle, Versagensangst | Larch, Hornbeam, Mimulus |
| **Genital männlich** | Hoden / Entzündungen / Prostata | Verlust | Honeysuckle, Chicory, Heather, Star of. Bethl. |
| | | hässliches sexuelles Erlebnis | Star of Bethlehem, Heather, Chicory, Larch, Crab Apple |
| **Genital männlich** | | Scham | Pine, Crab Apple, Agrimony, Mimulus |
| | | Minderwertigkeitsgefühle, Versagensangst | Larch, Hornbeam, Mimulus |
| **Knochen Wirbelsäule** | Degenerationen Arthrosen Arthritis Krebs Ischias, Hexenschuss | Neben mechanischen Läsionen (Verrenkung, Verstauchung, Bruch) spielen oft irgendwelche schwere Probleme (Eigenwert, Durchsetzungsfähigkeit, Erfolg, Schuldgefühle) eine Rolle. Die Lokalisation entspricht dann in etwa dem zugeordneten Organ, z.B. Becken, Kreuzbein = Konflikt in sexueller Hinsicht | Larch, Centaury, Star of Bethlehem, Pine, White Chestnut |

|  | Wirbel-veränderungen / Scheuermann / Bechterew / Osteoporose | Selbstwertkonflikt | Larch, Heather, Star of. B. |
|---|---|---|---|
| **Lymphe, Blut** | Anämie<br><br>Leukämie | Selbstwertkonflikt, Schuldgefühle | Larch, Pine, Centaury, Star of Bethlehem, Elm, Hornbeam |
| **Haut** | Ekzem<br><br>Akne | Liebesverlust/mangel - furcht, Trennungskonflikt<br><br>Minderwertigkeitsgefühle | Chicory, Heather, Star of Bethlehem, Larch, Crab Apple |
|  |  | Abwehr, allergische Reaktionen | Beech, Holly, Walnut, Crab Apple, Impatiens |

# Die Doppelmittel

Bewährte Kombinationen aus zwei Bach-Blüten,
wodurch praktisch neue Mittel entstehen.

### Nr. 1/2 Agrimony - Aspen

*Verdrängung von Ängsten oder Ängste durch Verdrängung*

Für Menschen, die ihre Probleme oder Leiden zu ignorieren, zu verdrängen und zu verheimlichen suchen, wodurch diese unklar, unheimlich und unberechenbar werden. Es entsteht ein Teufelskreis, in dem die Angst Verdrängung und die Verdrängung Angst provoziert und Angst vor der Angst entsteht.

Dieses Mittel kann mutiger, offener **und** innerlich freier machen und bei der bewussten Überwindung von angsterregenden Problemen behilflich sein. Mögliche Ergänzungsmittel: *Mimulus, Red Chestnut, Rock Rose, Star of Bethlehem, Walnut.*

### Nr. 1/3 Agrimony - Beech

*Künstliche Toleranz*

Für Menschen, die aus Angst vor Konflikten ihre Abneigungen hinter einer Maske betonter Toleranz verbergen und dazu neigen, alles zu beschönigen, selbst wenn es ihnen eigentlich gegen den Strich geht.

Dieses Mittel kann ihnen helfen, sich mehr zu ihren natürlichen Vorlieben und Abneigungen zu bekennen und dennoch tolerant und freundlich zu bleiben. Mögliche Ergänzungsmittel: *Larch, Heather.*

### Nr. 1/4 Agrimony - Centaury

*Krankhafte Gutmütigkeit*

Für Menschen, die sich widerspruchslos ausnützen lassen oder sich übertrieben entgegenkommend verhalten, weil sie sich vor Konflikten fürchten; diese Furcht verbergen sie allerdings hinter einer Maske von Naivität oder Unbeschwertheit.

Dieses Mittel kann sie konfliktfähiger und in einem gesunden Sinne egoistischer machen. Es gibt ihnen mehr Mut, ihre Meinung zu sagen und auch für das eigene Wohl zu sorgen. Mögliche Ergänzungsmittel: *Aspen, Cerato, Gentian, Larch, Mimulus, Star of Bethlehem, Walnut.*

### Nr. 1/6 Agrimony - Cherry Plum

*Verdrängung erzeugt gefährlichen psychischen Überdruck*

Für Menschen, die unter gefährlichem psychischem Überdruck stehen, weil sie starke Emotionen oder Triebe unterdrücken und sich selbst gegenüber nicht ehrlich sind. Das macht sie, obwohl sie Fröhlichkeit oder Zufriedenheit demonstrieren, innerlich traurig.

Dieses Mittel kann ihnen helfen, wieder zu sich selbst zu finden und ein neues Leben zu beginnen. Es motiviert sie, sich ernsthaft mit ihren Problemen auseinanderzusetzen, und hilft ihnen, unabhängig von den Erwartungen ihrer Umwelt ihre eigene Persönlichkeit zu entwickeln. Es ist *unerlässlich* bei jeder Psychotherapie, weil es die Ängste, die beim Abbau der gewohnten (wenn auch krankhaften) Verhaltensweisen aufzutreten pflegen, durch den gleichzeitigen Aufbau neuer, echter Persönlichkeitsstrukturen auffängt. Mögliche Ergänzungsmittel: *Centaury, Cerato, Heather, Star of Bethlehem, Wild Oat.*

### Nr. 1/34 Agrimony - Water Violet
*Kontaktprobleme durch Mangel an Offenheit*
Für Menschen, denen es schwer fällt, Kontakt mit anderen zu bekommen, weil sie etwas vor ihrer Umwelt zu verbergen versuchen: ein Problem, eine Angst, eine Schwäche. Obwohl sie instinktiv wissen, dass es ihnen besser gehen würde, wenn sie sich jemandem anvertrauen oder sich offen dazu bekennen könnten, sind sie unfähig, die trennende Kluft zu überwinden, und beschränken sich im gesellschaftlichen Umgang auf Unverbindlichkeiten, wodurch sie oft sehr einsam und unglücklich werden.

Dieses Mittel hilft ihnen, offener, kontaktfreudiger und vertrauensvoller zu werden und dadurch die quälende Isolation zu überwinden. Mögliche Ergänzungsmittel: *Larch, Star of Bethlehem.*

### Nr. 1/36 Agrimony - Wild Oat
*Mangelnde Selbsterkenntnis*
Für Menschen, die sich aufgrund dauernder Verdrängungen selbst nicht mehr oder noch nicht kennen. Sie weichen allen Konfrontationen aus und haben Angst vor der Wahrheit über sich selbst. Daher wissen sie nicht, wie sie ihr Leben verbessern oder ihm einen Sinn geben können.

Dieses Mittel ist nützlich am Beginn jeder Persönlichkeitsentwicklung. Es verhilft zu Selbsterkenntnis und ist immer dann angezeigt, wenn man nicht weiß, mit welchem Mittel man die Blüten-Therapie beginnen soll. Mögliche Ergänzungsmittel: *Cerato, Scleranthus, Walnut*

### Nr. 2/6 Aspen - Cherry Plum
*Plötzliches Angstgefühl mit Kurzschlussgefahr*
Für Menschen, die wegen eines plötzlich ohne erkennbaren Grund aufgetretenen panischen Angstgefühls kurz vor dem Durchdrehen oder Verrücktwerden stehen. Für psychotische Angst-Zustände, die aus emotionaler Ergriffenheit oder Belastung heraus entstanden sind.

Dieses Mittel kann gefährlichen, angstbetonten Emotions-Stau abbauen, entsprechende Psychosen verhindern und die zugrundeliegenden, verdrängten Probleme durch Bewusstwerdung für eine Lösung vorbereiten. Mögliche Ergänzungsmittel: *Mimulus, Rock Rose, Star of Bethlehem.*

### Nr. 2/20 Aspen - Mimulus
*Totale Ängstlichkeit*
Für Menschen, die unter allen möglichen klaren und unklaren Ängsten leiden; teilweise lassen diese sich präzisieren, teilweise bestehen sie nur aus unheimlichen Ahnungen.
Dieses Mittel kann starke, allgemeine Ängstlichkeit abbauen und Mut machen, angsterregende Vorstellungen oder Situationen zu hinterfragen. Mögliche Ergänzungsmittel: *Agrimony, Chestnut Bud, Rock Rose, Star of Bethlehem.*

### Nr. 2/21 Aspen - Mustard
*Ängstliche Depressionen*
Für Menschen, die immer wieder aus heiterem Himmel von deprimierenden, bangen Ahnungen oder Ängsten überfallen werden. Sie sehen alles nur schwarz und befürchten allerlei Unglück. Oft treten diese Zustände im Zusammenhang mit Herz- oder Leberkrankheiten auf.
Dieses Mittel kann ihre Lebensängste abbauen und sie seelisch stabiler beziehungsweise optimistischer machen. Mögliche Ergänzungsmittel: *Gentian, Gorse, Honeysuckle, Hornbeam, Olive, Rock Rose, Star of Bethlehem, Wild Rose.*

### Nr. 2/25 Aspen - Red Chestnut
*Allgemeine, angstbetonte Sorgen*
Für Menschen, die sich große Sorgen um andere machen. Sie leiden unter einem unheimlichen Gefühl und befürchten irgendein Unglück für Menschen, die ihnen nahestehen.
Dieses Mittel kann ihre Befürchtungen vertreiben und sie die Realität klarer sehen lassen, die ja meistens gar nicht so schlimm ist. Mögliche Ergänzungsmittel: *Chicory, Mimulus, White Chestnut.*

### Nr. 2/26 Aspen - Rock Rose
*Die absolute Angstpanik*
Für Menschen, die plötzlich von panischer Angst überfallen werden oder wurden.
Dieses Mittel kann bei Horror- oder Panikzuständen — unabhängig von der auslösenden Ursache — wieder zu einem klaren Kopf verhelfen. Mögliche Ergänzungsmittel: *Cherry Plum, Mustard, Sweet Chestnut, White Chestnut.*

### Nr. 2/27 Aspen - Rock Water
*Angstmotivierte Selbstvergewaltigung*
Für Menschen, die sich eine starke Selbstdisziplin auferlegen, um ihre

Lebensängste zu neutralisieren. Sie halten zum Beispiel eine strenge Ordnung, eine ausgefallene Diät oder eine genau reglementierte Verhaltensweise ein, weil sie ihr Leben dadurch »wasserdicht« gegen untergründige, oft nicht einmal genau benennbare Ängste oder Gefahren machen wollen. Die Disziplin gibt ihnen zwar Halt und das Gefühl der Sicherheit, in Wirklichkeit aber tauschen sie eine Unsicherheit gegen eine andere ein. Denn sobald sie von ihren strengen Regeln abweichen, überfällt sie neben den alten Ängsten auch noch die Furcht, dies könne negative Folgen haben.

Dieses Mittel kann nicht nur ihre Tendenz zu zwanghaftem Verhalten abbauen, sondern auch ihre allgemeine Ängstlichkeit reduzieren, so dass sie unbeschwerter und natürlicher leben können. Mögliche Ergänzungsmittel: *Agrimony, Crab Apple, Mimulus, Pine, Vine.*

### Nr. 2/28 Aspen - Scleranthus
*Entscheidungsunfähigkeit durch unklare Ängste*
Für Menschen, deren Denken so sehr von allgemeinen Ängsten besetzt ist, dass sie unfähig sind, klar und entschieden zu handeln. Sie wissen nicht, was sie tun sollen, weil sie von jeder denkbaren Entscheidung negative Folgen erwarten.

Dieses Mittel kann ihre Ängste abbauen und ihren Geist klarer machen, so dass sie ihre Handlungsfähigkeit zurückbekommen. Mögliche Ergänzungsmittel: *Cerato, Mimulus, Rock Rose, Star of Bethlehem, Wild Oat.*

### Nr. 2/29 Aspen - Star of Bethlehem
*Seelische Verletzlichkeit durch ängstliche Lebenshaltung; Lebensangst durch psychisches Trauma.*
Für Menschen, die aufgrund einer allgemeinen Ängstlichkeit leicht von unerwarteten oder belastenden Ereignissen erschüttert werden können oder die durch ein schreckliches Erlebnis ihr Vertrauen in das Leben verloren haben.

Dieses Mittel kann sie mutiger und lebenstüchtiger machen beziehungsweise helfen, angstbetonte psychische Traumata zu verarbeiten. Mögliche Ergänzungsmittel: *Gentian, Honeysuckle, Mimulus, Rock Rose, Walnut.*

### Nr. 2/34 Aspen - Water Violet
*Kontaktprobleme durch unklare Ängste*
Für Menschen, die wegen unerklärlicher oder allgemeiner Ängste den Kontakt zu ihrer Umwelt verlieren, was vor allem im Alter infolge geistigen Abbaus vorkommen kann.

Dieses Mittel kann ihr Vertrauen in die Mitmenschen stärken und den Wunsch nach menschlicher Kommunikation wecken. Es hilft gegen Vereinsamung aus Misstrauen. Mögliche Ergänzungsmittel: *Mimulus, Mustard, Star of Bethlehem, Wild Rose.*

### Nr. 2/35 Aspen - White Chestnut
*Gedankenblockade durch unbestimmte Befürchtungen*

Für Menschen, die so sehr von der Vorstellung besessen sind, dass »irgendetwas« Schlimmes passieren werde, dass sie kaum noch zu einem vernünftigen Gedanken fähig sind.

Dieses Mittel kann ihre Ängste abbauen und ihnen helfen, realistischer und klarer zu denken. Mögliche Ergänzungsmittel: *Cerato, Cherry Plum, Mimulus, Red Chestnut, Star of Bethlehem.*

### Nr. 3/14 Beech - Heather
*Opportunistische Toleranz*

Für Menschen, die sich betont tolerant und großzügig geben, um sich beliebt zu machen. Dabei wirken sie aber künstlich oder aufdringlich.

Dieses Mittel hilft ihnen, sich zu sich selbst, zu ihren natürlichen Abneigungen und Vorlieben zu bekennen und notfalls auch Unbeliebtheit dafür in Kauf zu nehmen. Mögliche Ergänzungsmittel: *Agrimony, Chicory, Larch, Walnut.*

### Nr. 3/15 Beech - Holly
*Allergische Schockreaktion*

Für Menschen, die in einer aggressiv überschießenden Weise auf Substanzen oder Lebensumstände reagieren, gegen die sie allergisch sind.

Dieses Mittel kann allergische Reaktionen dämpfen oder die Bereitschaft dazu reduzieren. Mögliche Ergänzungsmittel: *Clematis, Crab Apple, Elm, Rock Rose, Vine.*

### Nr. 3/19 Beech - Larch
*Toleranz aus mangelndem Selbstvertrauen*

Für Menschen, die es aus mangelndem Selbstvertrauen nicht wagen, berechtigte Kritik zu üben, und statt dessen versuchen, alles zu verstehen und gutzuheißen.

Dieses Mittel kann ihr Selbstvertrauen und die Fähigkeit, sich auch zu unbequemen Wahrheiten zu bekennen, stärken. Mögliche Ergänzungsmittel: *Agrimony, Heather, Mimulus, Walnut.*

### Nr. 3/20 Beech - Mimulus
*Toleranz aus Ängstlichkeit*

Für Menschen, die es aus Angst vor eventuellen Konsequenzen nicht wagen, berechtigte Kritik zu üben, und statt dessen versuchen, alles zu verstehen und gutzuheißen.

Dieses Mittel kann die Angst vor den Folgen persönlicher und natürlicher Abneigungen abbauen und den Mut zu unbequemen Meinungen stärken. Mögliche Ergänzungsmittel: *Agrimony, Heather, Larch, Walnut.*

### Nr. 3/24 Beech - Pine
*Toleranz aus moralischen Gründen*

Für Menschen, die sich für schlecht halten, wenn sie nicht alles gutheißen, und sich deshalb krampfhaft um Großzügigkeit und Toleranz bemühen.

Dieses Mittel fördert die Selbstverantwortung und befreit vom Zwang, toleranter und besser zu sein, als man tatsächlich ist. Mögliche Ergänzungsmittel: *Agrimony, Crab Apple, Rock Water, Walnut.*

### Nr. 3/27 Beech - Rock Water
*Goßzügigkeit gegen andere bei Strenge gegen sich selbst*

Für Menschen, die anderen gegenüber auffallend großzügig und tolerant sind, sich selbst gegenüber aber umso strenger und kleinlicher. Man hat das Gefühl, dass etwas daran nicht stimmt.

Dieses Mittel hilft ihnen, eine natürlichere, wahrhaftigere und objektivere Haltung sich selbst und anderen gegenüber zu entwickeln. Großzügigkeit und Unbestechlichkeit kommen in ein ausgewogenes Verhältnis zueinander. Mögliche Ergänzungsmittel: *Crab Apple, Larch, Pine, Wild Oat.*

### Nr. 3/32 Beech - Vine
*Die totale Intoleranz*

Für Menschen, die nicht nur in ihrem Fühlen, sondern auch in ihrem Denken und Handeln intolerant sind. Sie befinden sich daher immer in irgendeiner Abwehrhaltung (was sich unter anderem in Allergien äußert) und versuchen ständig, ihre Umgebung in ihrem Sinne zu beeinflussen. Alles, was für sie neu oder ungewöhnlich ist, wird zunächst kritisiert und meistens auch abgelehnt. Selbst wenn sie sich einmal bewusst großzügig geben, so ist dies doch nicht mehr als ein Lippenbekenntnis, weil sie kurze Zeit darauf wieder in ihre ablehnende Haltung oder ihr ewiges Beeinflussen-Wollen verfallen. Sie sind nie richtig glücklich und für ihre Umwelt eine Last, weil das Leben ja viel zu bunt und vielfältig ist, als nur über einen Leisten gehauen zu werden und weil jede Stagnation letztlich Rückschritt bedeutet. Oft besteht gleichzeitig eine Leberkrankheit.

Dieses Mittel kann sie aufgeschlossener, großzügiger und toleranter machen. Mögliche Ergänzungsmittel: *Crab Apple, Holly, Pine, Vervain, Oak.*

### Nr. 3/34 Beech - Water Violet
*Übertolerante Unnahbarkeit*

Für Menschen, die sich betont tolerant und verständnisvoll geben, um tiefere Kontakte zu vermeiden und sich andere Leute vom Leib zu halten.

Dieses Mittel hilft, ihr Verhältnis zur Umwelt natürlicher zu gestalten, indem es sie ermutigt, ihre (kritische) Meinung zu äußern und sich in persönliche Beziehungen einzulassen. Mögliche Ergänzungsmittel: *Agrimony, Heather, Mimulus.*

### Nr. 4/5 Centaury - Cerato

*Hörigkeit durch Persönlichkeitsschwäche*

Für Menschen, die es nie gelernt haben, selbständig zu handeln und sich deshalb vorschreiben lassen, wie sie sich verhalten und was sie tun sollen. Sie sind sehr gutmütig, lassen sich ausnützen und haben keine eigene Meinung.

Dieses Mittel kann ihre Persönlichkeit entwickeln, sie stärker, mutiger und selbständiger machen. Es wird für unselbständige Kinder benötigt. Mögliche Ergänzungsmittel: *Crab Apple, Larch, Pine, Walnut, Wild Oat.*

### Nr. 4/8 Centaury - Chicory

*Selbstsüchtige Aufopferung*

Für Menschen, die sich gerne aufopfern, wobei ihre Motivation in einem Gemisch aus Selbstlosigkeit und Selbstsüchtigkeit besteht. Ihre Neigung, andere durch große Fürsorge oder Opfer an sich zu binden, wird durch ihre gleichzeitig vorhandene, natürliche Hingebungsfähigkeit einerseits verstärkt, andererseits aber verschleiert. So fällt es den »Opfern« ihrer Wohl taten schwer, sich von ihnen zu befreien.

Dieses Mittel kann Abhängigkeits- und Ausnützungsverhältnisse jeder Art abbauen. Mögliche Ergänzungsmittel: *Pine, Red Chestnut, Walnut, Wild Oat.*

### Nr. 4/12 Centaury - Gentian

*Persönlichkeits- und Willensschwäche*

Für Menschen, die so wenig Durchsetzungswillen und Selbstbehauptungskraft haben, dass sie leicht zu manipulieren, auszunützen und zu entmutigen sind. Weil sie dadurch nie erreichen, was sie eigentlich wollen, werden sie oft depressiv.

Dieses Mittel kann ihre Persönlichkeit und ihren Willen so stärken, dass sie sich gegen Ausbeutung oder Unterdrückung wehren und sich auch durch eventuelle Misserfolge nicht beirren lassen. Mögliche Ergänzungsmittel: *Cerato, Clematis, Honeysuckle, Hornbeam, Larch, Star of Bethlehem, Wild Rose.*

### Nr. 4/13 Centaury - Gorse

*Willfährigkeit aus Hoffnungslosigkeit*

Für Menschen, die die Hoffnung auf ein eigenes Leben aufgegeben haben, sich verzichtend in den Dienst anderer stellen oder sich ausnützen lassen.

Dieses Mittel kann — über lange Zeit genommen — ihre pessimistische Lebenseinstellung ändern und sie motivieren, wieder an sich selbst zu denken. Mögliche Ergänzungsmittel: *Gentian, Star of Bethlehem, Wild Rose.*

### Nr. 4/17 Centaury - Hornbeam

*Überforderungsgefühl durch Unselbständigkeit*

Für Menschen, die sich aufgrund unterentwickelter Selbständigkeit den

Anforderungen ihres täglichen Lebens nicht gewachsen fühlen. Vor allem in ihrem Beruf sind sie nicht so erfolgreich, wie sie sein könnten.

Dieses Mittel kann ihre Persönlichkeit und ihre Unternehmungslust stärken, so dass sie sich auch an eigene Projekte wagen. Mögliche Ergänzungsmittel: *Aspen, Gentian, Larch, Olive, Wild Rose.*

### Nr. 4/19 Centaury - Larch
*Hilfsbereitschaft aus Minderwertigkeitsgefühl*

Für unselbständige Menschen mit Minderwertigkeitskomplexen, die es nicht wagen, ein eigenes Leben zu führen, und übertrieben hilfsbereit und freundlich sind.

Dieses Mittel kann sie selbständiger und selbstbewusster machen, so dass sie beginnen, auch an ihre eigenen Interessen zu denken. Mögliche Ergänzungsmittel: *Cerato, Gentian, Hornbeam, Mimulus, Walnut.*

### Nr. 4/20 Centaury - Mimulus
*Ängstliche Unterwürfigkeit*

Für Menschen, die sich aus Angst von anderen ausnützen lassen. Ihr auffallend gutmütiges Verhalten hat eine ausgesprochen unterwürfige Note.

Dieses Mittel kann sie mutiger und selbstbewusster machen, so dass sie beginnen, eigene Rechte geltend zu machen, und sich nicht mehr ausnützen lassen. Es wird vor allem von Kindern benötigt und kann nützlich bei Wirbelsäulenbeschwerden sein, die mit einer gebückten Haltung zusammenhängen. Mögliche Ergänzungsmittel: *Cerato, Hornbeam, Larch, Star of Bethlehem, Walnut.*

### Nr. 4/24 Centaury - Pine
*Aufopferung aus Schuldgefühl*

Für Menschen, die aufgrund von Schuldgefühlen auf ein eigenes Leben verzichten. Ihre angeborene Selbstlosigkeit wird durch die Meinung, sie hätten nicht das Recht zu einem eigenen, glücklichen Leben, krankhaft verstärkt.

Dieses Mittel kann sie so verändern, dass sie sich ohne schlechtes Gewissen auch um ihr eigenes Wohl kümmern können. Mögliche Ergänzungsmittel: *Cerato, Larch, Rock Water, Star of Bethlehem, Walnut.*

### Nr. 4/25 Centaury - Red Chestnut
*Sorgenvolle Selbstlosigkeit*

Für übertrieben selbstlose, stets sorgenerfüllte Menschen.

Dieses Mittel kann sie natürlicher, sorgloser und »egoistischer« machen, so dass sie auch an ihr eigenes Wohlergehen denken und andere vertrauensvoll ihrem Schicksal überlassen können. Mögliche Ergänzungsmittel: *Aspen, Chicory, Mimulus, Pine, Star of Bethlehem, Walnut.*

### Nr. 4/33 Centaury — Walnut
*Unselbständig und beeinflussbar*

Für Menschen, die sich zu leicht durch andere beeinflussen oder ausnützen lassen. Auf diese Weise kommen sie nie dazu, ihr eigenes Leben zu leben.

Dieses Mittel kann sie unabhängiger und eigenwilliger machen, so dass sie mehr an sich selbst denken und das tun können, was sie eigentlich wollen. Mögliche Ergänzungsmittel: *Cerato, Heather, Larch, Pine, Wild Oat.*

### Nr. 4/37 Centaury - Wild Rose
*Resignation durch Persönlichkeitsschwäche*

Für Menschen, die sich damit abgefunden haben, ausgenützt zu werden, zu dienen und keine Ansprüche zu stellen. Im Grunde haben sie resigniert und neigen dazu, sich einfach treiben zu lassen, statt sich um eine Verbesserung ihrer Lage zu kümmern.

Dieses Mittel stärkt ihre Persönlichkeit und weckt in ihnen neues Interesse am Leben, so dass sie endlich beginnen, auch an sich selbst und ihre Zukunft zu denken. Mögliche Ergänzungsmittel: *Gentian, Larch, Olive, Star of Bethlehem, Walnut.*

### Nr. 5/7 Cerato - Chestnut Bud
*Ratlosigkeit aus Unaufmerksamkeit.*

Für Menschen, die nicht wissen, wie sie handeln sollen, weil sie unaufmerksam sind und nicht genügend aus ihren Erfahrungen lernen. Obwohl sie sich dauernd beraten lassen, machen sie immer wieder die gleichen Fehler. Für denkfaule Kinder, die dauernd dumme Fragen stellen.

Dieses Mittel kann ihr Interesse an dem, was sie erleben oder womit sie sich beschäftigen, wecken, so dass sie es geistig verarbeiten können und selbstandiger werden. Mögliche Ergänzungsmittel: *Clematis, Hornbeam, Larch, Scleranthus, Wild Oat.*

### Nr. 5/19 Cerato - Larch
*Unsicherheit durch Minderwertigkeitsgefühl*

Für Menschen, die nicht spontan zu handeln wagen, weil sie sich für unfähig oder minderwertig halten. Bei jeder Gelegenheit fragen sie, was sie tun oder wie sie sich verhalten sollen.

Dieses Mittel kann sie selbstbewusster und selbständiger machen. Es hilft ihnen, ohne viel herumzufragen, so zu handeln, wie es ihnen richtig erscheint. Mögliche Ergänzungsmittel: *Agrimony, Centaury, Gentian, Mimulus, Walnut, Wild Oat.*

### Nr. 5/20 Cerato - Mimulus
*Ängstliche Unsicherheit*

Für Menschen, die sich in übertriebenem Maße davor fürchten, falsch zu handeln, und deshalb ständig andere nach ihrer Meinung befragen.

Dieses Mittel kann ihre Angst vor Fehlern abbauen und hilft ihnen, intuitiv, unabgesichert und nach eigenem Gutdünken zu handeln. Mögliche Ergänzungsmittel: *Centaury, Gentian, Larch, Walnut, Wild Oat.*

### Nr. 5/24 Cerato - Pine
*Unsicherheit aus Angst vor schlechtem Gewissen*

Für Menschen, die befürchten, durch falsches Verhalten Schuld oder Sünde auf sich zu laden, und deshalb nicht so zu handeln wagen, wie sie eigentlich wollen; um sich abzusichern, fragen sie ständig um Rat.

Dieses Mittel kann sie von ihren unbegründeten Skrupeln befreien, sie selbstverantwortlich und sicherer machen. Mögliche Ergänzungsmittel: *Centaury, Crab Apple, Gentian, Larch, Mimulus, Red Chestnut, Walnut, Wild Oat.*

### Nr. 5/27 Cerato - Rock Water
*Geistige Hörigkeit mit Selbstvergewaltigung*

Für Menschen, die kein Zutrauen zu ihrem eigenen Instinkt haben und sich deshalb an Lehren, Religionen oder Dogmen halten, die sie — oft gegen ihre eigenen Bedürfnisse — strikt einhalten.

Dieses Mittel kann sie natürlicher, ungezwungener und selbstsicherer machen. Mögliche Ergänzungsmittel: *Crab Apple, Larch, Pine, Walnut, Wild Oat.*

### Nr. 5/28 Cerato - Scleranthus
*Unsicherheit mit Entscheidungsschwäche*

Für Menschen, die nie wissen, was sie tun sollen, weil sie einerseits ihrer eigenen Meinung nicht trauen und sich andererseits nur schwer für etwas entscheiden können.

Dieses Mittel fördert ihre Fähigkeit, selbstsicher Entscheidungen zu treffen. Mögliche Ergänzungsmittel: *Chestnut Bud, Gentian, Larch, Walnut, Wild Oat.*

### Nr. 5/29 Cerato - Star of Bethlehem
*Verunsicherung durch Schockerlebnis*

Für Menschen, die durch bestimmte Erlebnisse oder Ereignisse so verunsichert wurden, dass sie die Fähigkeit zu selbstbewusstem, eigenständigem Handeln verloren haben. Noch unter dem Einfluss des durchgemachten Schreckens stehend, versuchen sie, sich dadurch abzusichern, dass sie jeden um Rat bitten.

Dieses Mittel hilft ihnen, das psychische Trauma zu überwinden und wieder »sie selbst« zu werden. Mögliche Ergänzungsmittel: *Aspen, Centaury, Gentian, Larch, Mimulus, Walnut, Wild Oat.*

**Nr. 5/33 Cerato - Walnut**
*Unsicherheit durch Beeindruckbarkeit*
Für sehr beeindruckbare Menschen, die sich immer wieder durch falsche Ratschläge von ihren Zielen abbringen lassen.
Dieses Mittel kann sie sicherer und überzeugter machen und ihnen helfen, unbeirrbar ihren Weg zu gehen. Mögliche Ergänzungsmittel: *Centaury, Gentian, Larch, Pine, Scleranthus, Wild Oat.*

**Nr. 5/36 Cerato - Wild Oat**
*Unsicherheit durch mangelndes Lebenskonzept*
Für Menschen, denen ein Lebenskonzept oder -ziel fehlt, an dem sie sich bei ihrem Handeln orientieren können. Innerlich verunsichert, suchen sie daher dauernd nach Ratgebern oder Führern. Da sie aber nicht beurteilen können, ob diese für sie richtig sind, geraten sie dabei oft auf Irrwege.
Dieses Mittel hilft ihnen, sich über das Wesentliche in ihrem Leben klarzuwerden und es in die Tat umzusetzen. Mögliche Ergänzungsmittel: *Centaury, Gentian, Larch, Mustard, Scleranthus, Walnut.*

**Nr. 6/11 Cherry Plum - Elm**
*Am Ende der psychischen und physischen Belastbarkeit*
Für Menschen, die sich psychisch und körperlich zu viel abverlangt haben und dabei sind, nicht nur ihre körperliche Leistungsfähigkeit, sondern auch ihren klaren Verstand zu verlieren.
Dieses Mittel kann den Zusammenbruch verhindern, indem es den selbstauferlegten Druck abbaut und sie motiviert, sich mehr Freude und Ruhe zu gönnen. Mögliche Ergänzungsmittel: *Agrimony, Oak, Pine, Rock Rose, Rock Water, Sweet Chestnut.*

**Nr. 6/15 Cherry Plum - Holly**
*Unkontrollierte Wutanfälle*
Für Menschen, die unter einem sehr hohen emotionalen Druck stehen und dabei sind, unter starken Aggressionsanfällen durchzudrehen.
Dieses Mittel ist für Ausnahmesituationen bestimmt. Es sollte genommen werden, wenn man fühlt, dass man demnächst vor Wut platzen wird. Indem es eine gewisse Entspannung bewirkt, kann es das Schlimmste verhüten. Mögliche Ergänzungsmittel: *Impatiens, White Chestnut, Willow.*

**Nr. 6/18 Cherry Plum - Impatiens**
*Präpsychotische Unruhe*
Für Menschen, die auf einen starken emotionalen Druck mit großer Unruhe reagieren oder die starke Gefühle durch übertriebene und sinnlose Aktionen abreagieren. Sie erwecken den Eindruck, als würden sie durchdrehen, wenn sie nur einen Moment stillhalten müssten.

Dieses Mittel kann sie ruhiger und entspannter machen. Mögliche Ergänzungsmittel: *Agrimony, Elm, Holly, Scleranthus, White Chestnut, Vervain.*

### Nr. 6/20 Cherry Plum - Mimulus
*Schwerer Angstkonflikt*
Für Menschen, bei denen sich bestimmte Ängste dadurch, dass sie nicht bewusst ausgedrückt oder verarbeitet werden, zum psychischen Überdruck mit der Gefahr von Kurzschlusshandlungen steigern.
Dieses Mittel ist für Notsituationen. Es kann den ängstlichen inneren Überdruck abbauen. Es muss häufig gegeben oder genommen werden. Mögliche Ergänzungsmittel: *Aspen, Impatiens, Rock Rose, Sweet Chestnut, White Chestnut.*

### Nr. 6/22 Cherry Plum - Oak
*Durch Leistungsstärke an der emotionalen Zerreißgrenze*
Für Menschen, die mehr von sich verlangt haben, als sie leisten können, und dadurch unter so starken inneren Druck geraten sind, dass die Gefahr des Durchdrehens oder Verrücktwerdens besteht. Instinktiv beginnen sie, sich zu weigern, ihre Lebensfreude noch länger ihrem ehrgeizigen Zwangsprogramm zu opfern, und fühlen den unwiderstehlichen Drang, alles, was Ordnung, Zwang und Vernunft bedeutet, über Bord zu werfen.
Dieses Mittel kann den inneren Druck herabsetzen, indem es den selbst auferlegten Leistungsdruck verringert und ihnen hilft, mehr als bisher »nichtsnutzigen« oder ordnungswidrigen Bedürfnissen nachzugeben. Mögliche Ergänzungsmittel: *Elm, Holly, Rock Water, Vervain, Sweet Chestnut.*

### Nr. 6/25 Cherry Plum - Red Chestnut
*Rasend machende Sorgen*
Für Menschen, die sich so große Sorgen um jemanden machen, dass sie kurz vor dem Durchdrehen stehen. Der Grund hierfür kann darin liegen, dass sie zu sehr und zu lange versucht haben, ihre Befürchtungen zu verdrängen, oder dass in die aktuellen Sorgen noch andere Ängste einfließen und zusammen mit ihnen psychischen Überdruck erzeugen.
Dieses Mittel kann den inneren, sorgenbedingten Überdruck abbauen, indem es sie optimistischer macht und ihnen ermöglicht, sich mit ihren Befürchtungen bewusst auseinanderzusetzen. Mögliche Ergänzungsmittel: *Aspen, Chicory, Impatiens, Mimulus, Rock Rose, Sweet Chestnut, White Chestnut.*

### Nr. 6/26 Cherry Plum - Rock Rose
*Panik mit Gefahr, den Verstand zu verlieren*
Für Situationen, in denen man aufgrund einer plötzlichen, panischen Angst verrückt zu werden oder total durchzudrehen droht. Vernünftige Überlegungen sind nicht mehr möglich, ruhiges Zureden nutzlos.

Dieses Mittel kann die akute Gefahr reduzieren, indem es dem Betroffenen mehr Abstand, Ruhe und Klarheit gibt. Mögliche Ergänzungsmittel: *Aspen, Clematis, Impatiens, Mimulus, Sweet Chestnut.*

### Nr. 6/27 Cherry Plum - Rock Water
*Psychose infolge zu starker Selbstunterdrückung*
Für Menschen, die sich zu stark unterdrückt oder kasteit haben und nun aufgrund einer unerwarteten psychischen Belastung die Kontrolle über sich zu verlieren drohen.
Dieses Mittel kann sie beruhigen und entspannen, indem es ihnen hilft, mit ihren Emotionen und psychischen Bedürfnissen flexibler umzugehen. Mögliche Ergänzungsmittel: *Crab Apple, Impatiens, Oak, Pine, Vine.*

### Nr. 6/29 Cherry Plum - Star of Bethlehem
*Psychose durch seelische Verletzung*
Für Menschen, deren Psyche durch ein schockierendes Ereignis so erschüttert wurde, dass sie kurz vor dem Durchdrehen stehen, oder die allgemein so labil und empfindlich sind, dass schon kleine Erschütterungen sie um den Verstand bringen können.
Dieses Mittel kann sie psychisch stabiler machen, indem es ihre Überempfindlichkeit oder ihr Trauma abbaut. Mögliche Ergänzungsmittel: *Aspen, Holly, Impatiens, Mimulus, Walnut, Willow.*

### Nr. 6/30 Cherry Plum - Sweet Chestnut
*Verzweiflung durch Emotionsstress*
Für Menschen, die aus emotionaler Überforderung den Überblick über ihr Leben verloren haben und in die totale, ausweglose Verzweiflung geraten sind.
Dieses Mittel ist für Ausnahmesituationen. Es kann den inneren Überdruck reduzieren und ihnen die Hoffnung zurückgeben, doch noch irgendwie mit dem Leben klarzukommen. Mögliche Ergänzungsmittel: *Aspen, Elm, Gorse, Oak, Star of Bethlehem.*

### Nr. 6/35 Cherry Plum - White Chestnut
*Geistige Besessenheit*
Für Menschen, die von einem bestimmten Gedanken so besessen sind, dass sie deswegen durchzudrehen oder verrückt zu werden drohen.
Dieses Mittel kann den geistigen und emotionalen Zwang abbauen und sie so entspannen, dass sie sich mit ihrer Problematik vernünftig auseinandersetzen können. Mögliche Ergänzungsmittel: *Holly, Impatiens, Pine, Impatiens, Oak, Rock Water, Star of Bethlehem, Vervain, Willow.*

### Nr. 7/9 Chestnut Bud - Clematis
*Unaufmerksamkeit mit Tagträumereien*

Für Menschen, die immer wieder Fehler machen, weil sie zu sehr ihren Tagträumereien und Illusionen nachhängen. Für verträumte Kinder mit Lernproblemen.

Dieses Mittel kann sie aufmerksamer, interessierter und umsichtiger machen. Mögliche Ergänzungsmittel: *Honeysuckle, Gentian, Larch, Wild Rose.*

### Nr. 7/12 Chestnut Bud - Gentian
*Mangel an Aufmerksamkeit führt zu Rückfällen*

Für Menschen, die sich mit dem, was sie tun oder erleben, nicht aufmerksam genug beschäftigen und wegen der dadurch bedingten Verzögerungen oder Rückschritte bei ihren Arbeiten dazu neigen, unnötig und vorzeitig die Flinte ins Korn zu werfen. Diese Grundeinstellung führt auch bei Genesungsprozessen zu Stillstand oder Rückfällen.

Dieses Mittel ist hilfreich, wenn jemand, der allgemein zu Unaufmerksamkeit neigt, nach einer Krankheit nicht wieder auf die Beine kommt. Es ist auch nützlich bei Kindern, die wegen dauernder Fehler die Lust am Lernen verlieren oder verloren haben. Mögliche Ergänzungsmittel: *Clematis, Horn-beam, Impatiens, Holly, Olive, Scleranthus, Star of Bethlehem, Wild Rose.*

### Nr. 7/16 Chestnut Bud - Honeysuckle
*Unaufmerksamkeit durch nostalgische Träumereien*

Für Menschen, die oft Fehler machen, weil ihre Gedanken zu sehr in der Vergangenheit weilen.

Dieses Mittel hilft ihnen, sich von der Vergangenheit zu lösen und sich konstruktiv ihrem gegenwärtigen Leben zuzuwenden. Es ist gut für Kinder, die aufgrund von Heimweh Lernprobleme haben. Mögliche Ergänzungsmittel: *Centaury, Clematis, Gentian, Mustard, Wild Rose.*

### Nr. 7/28 Chestnut Bud - Scleranthus
*Lernschwäche durch Ablenkbarkeit*

Für Menschen, die schlecht lernen, weil sie sich zu leicht ablenken lassen.

Dieses Mittel hilft ihnen, beim Thema zu bleiben und sich auf das zu konzentrieren, was sie lernen wollen. Mögliche Ergänzungsmittel: *Cerato, Clematis, Gentian, Honeysuckle, Impatiens, Wild Oat.*

### Nr. 7/34 Chestnut Bud - Water Violet
*Geistige Verschlossenheit*

Für Menschen, die sich gegenüber allem, was neu ist, verschließen. Geistige Auseinandersetzungen oder neue Erkenntnisse sind ihnen genauso unangenehm wie anregende oder ungewohnte menschliche Kontakte.

Dieses Mittel kann sie aufgeschlossener, geistig beweglicher, interessierter und kontaktfreudiger machen. Es ist besonders für uninteressierte, sich immer zurückziehende Kinder geeignet. Mögliche Ergänzungsmittel: *Clematis, Honeysuckle, Larch, Mimulus, Star of Bethlehem, Wild Rose.*

### Nr. 7/35 Chestnut Bud - White Chestnut
*Unaufmerksamkeit durch Zwangsgedanken*
Für Menschen, die von bestimmten Gedanken so beherrscht werden, dass sie außerstande sind, sich aufmerksam einem anderen Thema zuzuwenden oder etwas Neues zu lernen.
Dieses Mittel kann ihr Denken von sinnlosen Zwängen befreien und den Geist aufnahmebereit machen. Mögliche Ergänzungsmittel: *Clematis, Crab Apple, Honeysuckle, Pine, Rock Water, Star of Bethlehem, Vervain, Vine.*

### Nr. 7/36 Chestnut Bud - Wild Oat
*Fehlendes Lebenskonzept durch Unaufmerksamkeit*
Für Menschen, die aus dem, was sie erleben und erfahren, nichts lernen und deshalb kein brauchbares Lebenskonzept und keinen Lebenssinn finden können.
Dieses Mittel (das oft monatelang genommen werden muss) hilft ihnen zu erkennen, worin ihre Bestimmung liegt. Mögliche Ergänzungsmittel: *Centaury, Cerato, Clematis, Gentian, Honeysuckle, Larch, Scleranthus, Walnut.*

### Nr. 7/37 Chestnut Bud - Wild Rose
*Unaufmerksam und resigniert*
Für Menschen, die laufend Fehler machen, weil sie kein Interesse am Leben haben. Für allgemein uninteressierte, initiativelose Kinder mit Lernproblemen.
Dieses Mittel kann sie aufmerksamer, umsichtiger und unternehmungslustiger machen. Mögliche Ergänzungsmittel: *Clematis, Honeysuckle, Hornbeam, Mustard, Olive, Star of Bethlehem.*

### Nr. 8/14 Chicory - Heather
*Die Sucht, geliebt und beliebt zu sein*
Für Menschen, die sehr stark von Zuwendung und Bewunderung abhängig sind, weshalb sie nicht nur in rührender Weise für andere sorgen, sondern auch bei jeder Gelegenheit auf ihre Vorzüge hinweisen. Ihr Bedürfnis, geliebt zu werden und beliebt zu sein, ist so stark, dass sie tief getroffen sind, wenn man sie nicht beachtet.
Dieses Mittel kann sie diskreter, natürlicher und unabhängiger von anderen machen. Eitle, liebesbedürftige Kinder brauchen es oft. Mögliche Ergänzungsmittel: *Agrimony, Cerato, Holly, Larch, Mimulus, Star of Bethlehem, Walnut, Willow.*

### Nr. 8/15 Chicory - Holly
*Hass-Liebe*

Für Menschen, bei denen enttäuschte Liebe in Hass umgeschlagen ist. Sie sind unfreundlich, gehässig oder aggressiv, weil sie nicht die Zuwendung bekommen, die sie wollen.

Dieses Mittel wird häufig bei Familienproblemen benötigt: wenn eine Partnerschaft in die Brüche geht oder Kinder sich von ihren Eltern lösen. Dann kann es zu starke Enttäuschung verhindern und freilassendes Verständnis fördern. Mögliche Ergänzungsmittel: *Red Chestnut, Star of Bethlehem, Willow.*

### Nr. 8/16 Chicory - Honeysuckle
*Trauer bei Liebesverlust*

Für Menschen, die nicht über den Verlust einer intensiven Beziehung, zum Beispiel der Liebe zu einem Menschen oder einem Tier, hinwegkommen. Ihre Gedanken kreisen in der Vergangenheit, als die Welt für sie noch in Ordnung war, und sie fühlen sich wie verstümmelt.

Dieses Mittel hilft ihnen, starke Trauer, die eigentlich ein Nicht-loslassen-können bedeutet, zu überwinden und sich innerlich befreit wieder der Lebensrealität zuzuwenden. Es ist gut für Kinder, die aus ihrem gewohnten und geliebten Milieu herausgerissen wurden. Mögliche Ergänzungsmittel: *Holly, Star of Bethlehem, Wild Rose, Willow.*

### Nr. 8/20 Chicory - Mimulus
*Ängstliches Anklammern*

Für Menschen, die sich aus Angst an jemanden anklammern, oder für Menschen — vor allem Kinder —, die ständig in der Furcht leben, ihre Bezugsperson zu verlieren.

Dieses Mittel kann sie sicherer, zuversichtlicher und unabhängiger machen. Mögliche Ergänzungsmittel: *Aspen, Centaury, Larch, Red Chestnut, Star of Bethlehem.*

### Nr. 8/21 Chicory - Mustard
*Depressionen durch unerfüllte Liebe*

Für Menschen, die immer wieder von Traurigkeit oder Depressionen überfallen werden, weil ihre Liebe nicht erwidert wird.

Dieses Mittel kann sie zufriedener und in ihren Liebeswünschen realistischer machen. Mögliche Ergänzungsmittel: *Gentian, Heather, Honeysuckle, Star of Bethlehem, Willow, Wild Oat.*

### Nr. 8/22 Chicory - Oak
*Hartnäckig-aufdringliche Fürsorge oder Liebe*

Für Menschen, die wie unter einem Zwang nicht davon ablassen können, jemanden mit Wohltaten oder Zuwendung zu überschütten, obwohl dieser sie nicht haben will.

Dieses Mittel hilft, wieder den richtigen Abstand zu finden, wenn man sich in eine vergebliche oder unglückliche Liebesbeziehung verrannt hat. Mögliche Ergänzungsmittel: *Holly, Honeysuckle, Vervain, Willow.*

### Nr. 8/25 Chicory - Red Chestnut

*Die totale Selbstaufopferung*

Für Menschen, die dazu neigen, sich aus einer seltsamen Mischung von Egoismus und Selbstlosigkeit total für andere aufzuopfern.

Dieses Mittel hilft ihnen, mehr Abstand zu ihren Lieben zu finden, so dass sie mehr an sich selbst denken können. Mögliche Ergänzungsmittel: *Aspen, Impatiens, Mimulus, Walnut, White Chestnut.*

### Nr. 8/35 Chicory - White Chestnut

*Zwanghafte Liebesgedanken*

Für Menschen, deren Denken nur noch um die Frage kreist, wie sie sich die Zuwendung eines geliebten Menschen erringen oder erhalten können, oder die nicht darüber hinwegkommen können, dass ihnen dies nicht gelingt.

Dieses Mittel kann sie wieder auf andere Gedanken bringen und ihre Liebeswünsche normalisieren. Mögliche Ergänzungsmittel: *Honeysuckle, Oak, Star of Bethlehem, Willow.*

### Nr. 8/38 Chicory - Willow

*Verbitterung bei Ablehnung oder Undank*

Für Menschen, die verbittert sind, weil sie von jemandem, um den sie sich sehr bemüht haben, abgelehnt oder undankbar behandelt wurden.

Dieses Mittel kann Verbitterung oder Groll bei enttäuschter Liebe oder Undankbarkeit verhindern oder abbauen. Mögliche Ergänzungsmittel: *Heather, Holly, Larch, Star of Bethlehem, Water Violet.*

### Nr. 9/12 Clematis - Gentian

*Willensschwäche und Tagträumereien*

Für Menschen, die bei Problemen oder Misserfolgen zu schnell aufgeben und zu Träumereien, Spekulationen oder Illusionen Zuflucht nehmen. Für verträumte, willensschwache Kinder.

Dieses Mittel kann sie willensstärker und realistischer machen, so dass sie ihr Leben besser meistern. Mögliche Ergänzungsmittel: *Centaury, Honeysuckle, Hornbeam, Larch, Wild Rose.*

### Nr. 9/16 Clematis - Honeysuckle

*Die totale Tagträumerei*

Für Menschen, die nicht realistisch genug sind: einmal hängen sie schönen Erinnerungen nach, und ein andermal träumen sie von besseren Zeiten; die

Gegenwart aber interessiert sie nur wenig. Sie können sich nicht gut auf ihre Arbeit konzentrieren und finden sich oft im Leben nicht zurecht.

Dieses Mittel kann sie konzentrierter, realistischer und lebenstüchtiger machen. Es baut auch krankhafte Tendenzen zur Realitätsflucht ab. Mögliche Ergänzungsmittel: *Gentian, Larch, Star of Bethlehem, White Chestnut, Wild Rose.*

### Nr. 9/23 Clematis - Olive
*Schläfrigkeit, Geistesabwesenheit, Halluzinationen oder Ohnmacht durch Erschöpfung*

Für Menschen, die so erschöpft sind, dass es ihnen schwerfällt, sich auf etwas zu konzentrieren. Ihre Gedanken machen sich selbständig und schweifen umher oder sind unklar und nebulös. Oft neigen sie dazu, bei unpassenden Gelegenheiten einzuschlafen oder in einen Zustand von Halbtraum zu verfallen. In schweren Fällen kann Ohnmacht oder Todessehnsucht eintreten.

Dieses Mittel kann ihnen wieder Kraft und Klarheit zurückgeben. Es ist besonders nützlich bei starken geistigen Anstrengungen (zum Beispiel Prüfungen) oder kräftezehrenden Krankheiten mit geistiger Schwäche. Mögliche Ergänzungsmittel: *Gentian, Gorse, Star of Bethlehem, Wild Rose.*

### Nr. 9/26 Clematis - Rock Rose
*Ohnmachtstendenz bei Panik*

Für Menschen, die durch eine Panik in Ohnmacht gefallen sind oder dabei sind, geistig »abzutreten«.

Dieses Mittel ist Bestandteil des »Notfall-Mittels« *(Rescue Remedy)*. Es hilft, bei Katastrophen die Geistesgegenwart zu behalten, und kann auch prophylaktisch genommen werden, wenn man dazu tendiert, auf außergewöhnliche psychische Belastungen mit Ohnmacht zu reagieren. Bei Epilepsie kann es zusammen mit *Agrimony* versucht werden. Mögliche Ergänzungsmittel: *Aspen, Cherry Plum, Elm, Gentian, Sweet Chestnut, Star of Bethlehem.*

### Nr. 9/28 Clematis - Scleranthus
*Entscheidungsschwäche durch Tagträumereien*

Für Menschen, die sich nur schwer entscheiden können, weil sie aufgrund von Spekulationen oder Illusionen den klaren Blick für die Realität verloren haben. So warten sie meistens darauf, dass sich alles von selbst regelt.

Dieses Mittel kann sie realistischer und entschlossener machen. Mögliche Ergänzungsmittel: *Cerato, Gentian, Wild Oat.*

### Nr. 9/29 Clematis - Star of Bethlehem
*Ohnmacht bei schockierenden Erlebnissen*

Für Menschen, die in einer erschütternden oder unglücklich machenden Situationen in Ohnmacht gefallen sind oder zu fallen pflegen.

Dieses Mittel macht allgemein geistesgegenwärtiger und seelisch widerstandsfähiger, Bei Unfällen beugt es Bewusstlosigkeit vor oder hilft, sie zu aufzuheben; es ist Bestandteil des Notfall-Mittels *(Rescue Remedy)*. Mögliche Ergänzungsmittel: *Aspen, Elm, Olive, Rock Rose, Walnut, Wild Rose.*

### Nr. 9/35 Clematis - White Chestnut
*Zwanghafte Zukunftsträume*
Für Menschen, deren Geist ständig von bestimmten Zukunftsplänen oder -träumen erfüllt ist. Sie können an nichts anderes mehr denken und leben nur in ihren Spekulationen und Phantasien. Dabei werden sie unfähig, mit der Gegenwart richtig umzugehen. Für versponnene Phantasten.
Dieses Mittel kann sie wieder auf vernünftige Gedanken bringen. Mögliche Ergänzungsmittel: *Chestnut Bud, Honeysuckle, Wild Oat.*

### Nr. 9/37 Clematis - Wild Rose
*Schläfrige Initiativelosigkeit oder Resignation mit Todessehnsucht*
Für Menschen, die keinen klaren Gedanken fassen und sich zu nichts aufraffen können. Sie haben einfach keinen Antrieb und fühlen sich oft »benebelt«. Bei sehr schweren Krankheiten kann dies zu Resignation und Todessehnsucht führen.
Dieses Mittel kann den Geist wieder wacher und interessierter machen und die Lebensgeister wecken. Mögliche Ergänzungsmittel: *Gentian, Honeysuckle, Olive, Star of Bethlehem.*

### Nr. 10/19 Crab Apple - Larch
*Unreinheitsgefühl mit Selbstverachtung*
Für Menschen, die sich (körperlich oder seelisch) unsauber und minderwertig fühlen. Bei ihnen verstärken sich zwei negative Tendenzen gegenseitig: einerseits bekommen sie Minderwertigkeitsgefühle, weil sie sich für unrein halten, und andererseits stellen sie krankhaft übertriebene Reinheitsforderungen an sich, weil sie keine gute Meinung von sich haben.
Dieses Mittel ermöglicht es ihnen, sich wohler in ihrer eigenen Haut zu fühlen und sich selbst mehr zu achten. Mögliche Ergänzungsmittel: *Centaury, Cerato, Pine, Star of Bethlehem, Walnut.*

### Nr. 10/20 Crab Apple - Mimulus
*Übertriebene Angst vor Unsauberkeit*
Für Menschen mit einer ausgeprägten und meist unbegründeten Furcht vor Unsauberkeit, Ansteckung oder Vergiftung. Sie legen an alles einen zu sterilen, künstlichen Maßstab an und können sich daher am normalen Leben nicht mehr erfreuen. Oft ist ihre Sexualität durch die Angst vor Ansteckung oder Verunreinigung blockiert.
Dieses Mittel kann sie in Sauberkeitsfragen unbekümmerter machen, ihnen

helfen, Ekelgefühle zu überwinden, und ihnen den Mut geben, notfalls auch einmal zu »sündigen«. Mögliche Ergänzungsmittel: *Agrimony, Aspen, Cerato, Larch, Pine, Star of Bethlehem, Walnut, Wild Oat.*

### Nr. 10/24 Crab Apple - Pine
*Moralisch eingefärbter Sauberkeitszwang*
Für Menschen, die sich nicht nur aus hygienischen Gründen, sondern vor allem aus moralischen Zwängen stets um perfekte Sauberkeit — äußerlich und innerlich — bemühen. Wenn es ihnen nicht gelingt, sauber und ordentlich zu sein, bekommen sie Schuldgefühle.
Dieses Mittel kann ihre moralischen Zwänge abbauen und sie fähig machen, sich auch dann ihres Lebens zu erfreuen, wenn es einmal aus dem Rahmen der gewohnten Sauberkeits-, Ordnungs- und Moralnormen fällt. Mögliche Ergänzungsmittel: *Cerato, Larch, Mimulus, Rock Water, Star of Bethlehem, Walnut.*

### Nr. 10/27 Crab Apple - Rock Water
*Übertrieben sauber und diszipliniert.*
Für Menschen, die sich zu übertriebener Ordnung, Sauberkeit und Disziplin zwingen. Das macht sie zu ungemütlichen, verkrampften Zeitgenossen.
Dieses Mittel kann sie natürlicher, ungezwungener und in Sauberkeitsfragen großzügiger machen. Mögliche Ergänzungsmittel: *Mimulus, Oak, Pine, Vine, Wild Oat.*

### Nr. 10/29 Crab Apple - Star of Bethlehem
*Krankhafter Ekel*
Für Menschen, die infolge eines traumatischen Erlebnisses auf Schmutz oder Unreinheit nur mit übertriebener Abwehr oder krankhaftem Ekel reagieren können.
Dieses Mittel kann ihr Verhältnis zum »Schmutz« normalisieren. Mögliche Ergänzungsmittel: *Agrimony, Aspen, Mimulus, Rock Rose.*

### Nr. 10/32 Crab Apple - Vine
*Kleinlicher Sauberkeitsfanatismus*
Für Menschen, die ein starkes Sauberkeits- und Ordnungsbedürfnis besitzen und dieses nicht nur auf sich selbst, sondern auch auf ihre Umgebung übertragen, wobei sie kleinlich, intolerant und tyrannisch werden.
Dieses Mittel kann ihre starren Vorstellungen von Ordnung, Moral und Sauberkeit lockern, so dass sie auch einmal »fünf gerade sein« lassen können. Mögliche Ergänzungsmittel: *Aspen, Mimulus, Pine, Rock Water, Star of Bethlehem, Vervain, White Chestnut.*

### Nr. 10/35 Crab Apple - White Chestnut
*Quälende Verunreinigungs-Gedanken*
Für Menschen, die von der Idee besessen sind, verunreinigt oder vergiftet zu sein, und deshalb nicht mehr klar denken können. Diese Zwangsidee kann sich auf ihren körperlichen Zustand (Verschmutzung, Vergiftung, Ansteckung) oder ihre Seele beziehen (Unmoral, Sünde).
Dieses Mittel kann sie von ihrer Zwangsvorstellung befreien, so dass sie sich wieder in ihrer Haut wohlfühlen und an etwas anderes denken können.
Mögliche Ergänzungsmittel: *Aspen, Mimulus, Pine, Rock Water, Vine.*

### Nr. 11/12 Elm - Gentian
*Überforderungsgefühl mit Mutlosigkeit*
Für Menschen, die sich plötzlich einer Belastung oder Verantwortung nicht mehr gewachsen fühlen und verzagt aufgeben wollen, obwohl sie eigentlich die Kraft zum Weitermachen hätten. Oder für normalerweise sehr gesunde Menschen, die plötzlich krank geworden sind und sich einfach nicht mehr erholen.
Dieses Mittel hilft, in extremen psychischen oder physischen Belastungssituationen durchzuhalten und sich, auch wenn man in die Knie gegangen ist, doch irgendwie wieder zu fangen. Es kann bei schweren, plötzlich aufgetretenen Krankheiten oder Gesundheitskrisen die Heilkräfte stärken.
Mögliche Ergänzungsmittel: *Gorse, Larch, Mimulus, Star of Bethlehem, Walnut.*

### Nr. 11/13 Elm - Gorse
*Plötzliche Hoffnungslosigkeit durch Übelforderung*
Für Menschen, die unter dem Druck einer großen Belastung oder Verantwortung plötzlich nicht mehr glauben können, dass sie es noch schaffen werden. Dabei geraten sie in eine Art innerer Lähmung, in der es keinen hoffnungsvollen Gedanken mehr gibt.
Dieses Mittel wird nicht oft benötigt, kann aber, im richtigen Moment eingesetzt, Katastrophen verhindern. Es kann das Wissen zurückgeben, dass es für alles eine Lösung gibt, und verlorengegangenen Optimismus zurückgeben.
Mögliche Ergänzungsmittel: *Gentian, Star of Bethlehem, Sweet Chestnut, Wild Rose.*

### Nr. 11/17 Elm - Hornbeam
*Akute Leistungskrisen*
Für Menschen, denen das Leben immer irgendwie zu schwer erscheint, und die jetzt unter einer besonderen Belastung oder Verantwortung zusammenzubrechen drohen. Dieser Zustand ist mehr psychisch als physisch bedingt.
Dieses Mittel kann bei akuten Leistungskrisen stabilisierend wirken und Versagensängste jeder Art abbauen. Es wird bei besonderen Belastungen, vor

allem von pessimistischen Menschen, benötigt. Mögliche Ergänzungsmittel: *Gentian, Larch, Mimulus, Olive, Vervain.*

### Nr. 11/19 Elm - Larch
*Plötzlicher Verlust des Selbstvertrauens*
Für Menschen mit schwachem Selbstvertrauen, die im Rahmen einer besonderen Aufgabe oder Verantwortung plötzlich allen Mut verloren haben und zusammenzubrechen drohen.
Dieses Mittel kann ihnen die Kraft und das Selbstvertrauen zurückgeben, um weiterzumachen. Mögliche Ergänzungsmittel: *Gentian, Hornbeam, Mimulus, Olive, Rock Rose, Star of Bethlehem.*

### Nr. 11/20 Elm - Mimulus
*Plötzliche Versagensangst*
Für Menschen, die plötzlich von der Angst überfallen werden, eine Aufgabe nicht mehr bewältigen oder Verantwortung nicht mehr tragen zu können. Normalerweise sind sie leistungsfähig und lieben es, sich viel abzufordern; jetzt aber sind sie auf einmal verzagt und furchtsam geworden.
Dieses Mittel kann ihnen ihren gewohnten Mut zurückgeben und sie mit neuem Vertrauen in ihre Leistungsfähigkeit erfüllen. Mögliche Ergänzungsmittel: *Aspen, Gentian, Hornbeam, Larch, Rock Rose, Star of Bethlehem.*

### Nr. 11/22 Elm - Oak
*Überforderung durch Leistungszwang*
Für Menschen, die sich immer Höchstleistungen abverlangen und denen es sogar dann schwerfällt, ihre Ziele niedriger zu stecken oder aufzugeben, wenn diese zu hoch für sie sind. Ihre ehrgeizige, unnachgiebige Haltung treibt sie oft an den Rand des Zusammenbruchs, zerstört ihre Lebensfreude und untergräbt auf Dauer ihre Gesundheit.
Dieses Mittel kann ihren Leistungs- und Verantwortungszwang reduzieren und ihnen helfen, ihre Fähigkeiten genauer einzuschätzen. Dadurch können sie auf Dauer bessere Leistungen erbringen. Mögliche Ergänzungsmittel: *Rock Water, Vine.*

### Nr. 11/23 Elm - Olive
*Schwere körperlich-seelische Erschöpfung*
Für Menschen, die an den Rand ihrer Leistungsfähigkeit geraten sind, sich seelisch ausgelaugt fühlen und körperlich ausgepumpt sind.
Dieses Mittel kann ihre körperlichen und psychischen Kraftreserven mobilisieren. Mögliche Ergänzungsmittel: *Gentian, Gorse, Hornbeam, Larch, Star of Bethlehem.*

**Nr. 11/26 Elm - Rock Rose**
*Panik bei Stress*
Für Menschen, die bei Überforderung schnell in Panik geraten oder für Situationen, in denen man durch starken Stress den Kopf verloren hat.
Dieses Mittel kann in Stresssituationen die nötige Kaltblütigkeit und Leistungsfähigkeit zurückgeben oder ihren Verlust verhindern. Mögliche Ergänzungsmittel: *Aspen, Cherry Plum, Impatiens, Mimulus, Star of Bethlehem.*

**Nr. 11/29 Elm - Star of Bethlehem**
*Zusammenbruch durch seelische Erschütterung*
Für Menschen, die unter einem erschütternden Erlebnis zusammengebrochen sind oder kurz davor stehen.
Dieses Mittel kann ihnen die Kraft, den inneren Abstand und die geistige Klarheit zurückgeben, um auch mit dieser Situation fertigzuwerden. Mögliche Ergänzungsmittel: *Gorse, Rock Rose, Sweet Chestnut.*

**Nr. 11/30 Elm - Sweet Chestnut**
*Verzweiflung durch Überforderung*
Für Menschen, die aus einem plötzlichen Überforderungsgefühl heraus in totale Verzweiflung geraten sind. Normalerweise gehören sie gerade zu jenen, die alle Probleme mit großer persönlicher Kraft zu meistern pflegen; diesmal aber ist es einfach zu viel. Sie wissen nicht mehr, wie es weitergehen soll, und sind dabei zu kapitulieren.
Dieses Mittel hilft ihnen, das Tief zu überwinden. Es wird nicht oft benötigt, sollte dann aber häufig genommen werden. Mögliche Ergänzungsmittel: *Gentian, Hornbeam, Larch, Oak, Star of Bethlehem.*

**Nr. 12/13 Gentian - Gorse**
*Willensschwach und hoffnungslos*
Für Menschen, bei denen sich ein verzagtes, mutloses Gemüt mit tiefsitzendem, durch viele Misserfolge begründetem Pessimismus verbindet. Sie können nichts mit echter Überzeugung und Tatkraft unternehmen und warten im Grunde immer nur darauf, bei der ersten kleinen Schwierigkeit aufzugeben.
Dieses Mittel kann optimistischer und einsatzfreudiger machen. Es wird besonders bei langwierigen, schweren Krankheiten benötigt, da es den Abwärtstrend stoppen und die kleinen Fortschritte im Gesundungsprozess absichern kann. Mögliche Ergänzungsmittel: *Hornbeam, Olive, Star of Bethlehem, Wild Rose.*

## Nr. 12/16 Gentian - Honeysuckle
*Nostalgische Lebensschwäche*

Für Menschen, die mehr in der Vergangenheit als in der Gegenwart leben und deshalb den Schwierigkeiten ihres realen Lebens nicht gewachsen sind. Im Grunde sind sie nicht mehr am Erfolg interessiert und geben daher schnell auf. Dies kommt bei Kindern mit Heimweh vor oder bei Menschen, die nach einem Verlust den Anschluss ans Leben verloren haben.

Dieses Mittel hilft, die Vergangenheit zu vergessen und sich den Herausforderungen des Lebens zu stellen. Mögliche Ergänzungsmittel: *Clematis, Hornbeam, Mustard, Olive, Star of Bethlehem, Wild Rose.*

## Nr. 12/17 Gentian - Hornbeam
*Pessimistisch und willensschwach*

Für Menschen, die sich immer überfordert fühlen, grundsätzlich auf Misserfolg eingestellt sind und bei Problemen gleich aufgeben.

Dieses Mittel kann sie einsatzfreudiger und willensstärker machen. Mögliche Ergänzungsmittel: *Centaury, Larch, Mimulus, Star of Bethlehem, Wild Rose.*

## Nr. 12/19 Gentian - Larch
*Willensschwäche mit mangelndem Selbstvertrauen*

Für Menschen, die auf Misserfolg programmiert sind, weil sie sich nichts zutrauen und bei Schwierigkeiten gleich die Flinte ins Korn werfen. Dies trifft besonders auf schüchterne Kinder zu, die für den harten, menschlichen Konkurrenzkampf zu feinfühlig sind.

Dieses Mittel kann ihnen mehr Selbstbewusstsein und Erfolgswillen geben. Mögliche Ergänzungsmittel: *Centaury, Heather, Mimulus, Star of Bethlehem, Wild Rose.*

## Nr. 12/20 Gentian - Mimulus
*Nachgiebig und ängstlich*

Für Menschen, die aufgrund von Ängstlichkeit immer gleich zurückschrecken, wenn Probleme auftreten. Sie brechen Aktionen ab, geben Pläne auf, ziehen sich zurück oder verzichten auf ihr Recht, weil sie Angst haben, ein eventuelles Beharren könne negative Folgen für sie haben.

Dieses Mittel kann sie mutiger und willensstärker machen. Mögliche Ergänzungsmittel: *Aspen, Centaury, Hornbeam, Larch, Star of Bethlehem, Walnut.*

## Nr. 12/21 Gentian - Mustard
*Verstimmungen und Depressionen*

Für Menschen, die immer wieder — einmal mit und ein andermal ohne Grund — verstimmt oder deprimiert sind.

Dieses Mittel hilft gegen depressive Stimmungen jeder Art. Es kann die

Stimmung stabilisieren und insgesamt optimistischer machen. Mögliche Ergänzungsmittel: *Centaury, Chicory, Hornbeam, Larch, Olive, Star of Bethlehem, Wild Oat.*

### Nr. 12/23 Gentian - Olive
*Erschöpft und entmutigt*
Für Menschen, die wegen einer schweren Erschöpfung ihre Angelegenheiten nicht mehr richtig erledigen können; bei der erstbesten Schwierigkeit geben sie auf und ziehen sich müde zurück.
Dieses Mittel kann Kraftreserven mobilisieren, sie einsatzfreudiger und willensstärker machen. Mögliche Ergänzungsmittel: *Centaury, Clematis, Honeysuckle, Hornbeam, Mustard, Star of Bethlehem, Wild Rose.*

### Nr. 12/28 Gentian - Scleranthus
*Rückschläge in der Genesung*
Für Menschen, bei denen die Genesung nicht richtig vorangeht. Immer wieder kommt es zu Rückfällen in die überwunden geglaubte Krankheit. Man hat den Eindruck, als sei der Organismus noch nicht ganz entschlossen, wieder gesund zu werden.
Dieses Mittel fördert die Konsequenz im Gesundungsprozess und reduziert die Gefahr von Rückfällen. Es ist besonders bei psychisch labilen Kranken angebracht, die den — mehr oder weniger unbewussten — Zweck ihrer Krankheit nicht oder noch nicht genügend erreicht haben, weshalb die Motivation, wieder gesund zu werden, nicht stark genug ist. Mögliche Ergänzungsmittel: *Cerato, Chestnut Bud, Walnut, Wild Rose.*

### Nr. 12/29 Gentian - Star of Bethlehem
*Willensschwäche durch psychisches Trauma*
Für Menschen, die aufgrund eines schrecklichen Erlebnisses oder seelisch zermürbender Lebensumstände in ihrem Lebenswillen getroffen sind. Sie schrecken vor jedem Problem zurück, weil sie noch unter ihrem Schock leiden, und es scheint so, als könnten sie ihn nie überwinden.
Dieses Mittel kann sie wieder lebenstüchtig machen, indem es die seelischen Wunden heilt und ihren Willen stärkt. Mögliche Ergänzungsmittel: *Centaury, Hornbeam, Larch, Olive, Wild Rose.*

### Nr. 12/33 Gentian - Walnut
*Verzagtheit bei Lebensänderung*
Für Menschen, denen in einer wichtigen, persönlichen Entwicklungsphase Durchhaltekraft und Optimismus auszugehen drohen. Das wäre sehr nachteilig, weil dann die Neugestaltung ihres Lebens zum Stillstand käme.
Dieses Mittel kann Kraft und Konsequenz für den eigenen Weg geben, so dass man sich weder durch Rückschläge noch durch andere Menschen aus dem

Konzept bringen lässt. Mögliche Ergänzungsmittel: *Centaury, Hornbeam, Larch, Mimulus, Olive, Scleranthus, Wild Oat.*

### Nr. 12/37 Gentian - Wild Rose
*Resignierend und willensschwach.*
Für Menschen, die sich nur mit Mühe aufraffen können, etwas zu unternehmen, und bei der ersten kleinen Schwierigkeit ihre Bemühungen einstellen. Sie sind an allem uninteressiert, lassen sich treiben, und wenn sie einmal einen halbherzigen Versuch machen, im Leben wieder Fuß zu fassen, so sabotieren sie ihn selbst durch sofortiges Aufgeben.
Dieses Mittel hilft ihnen, ins aktive Leben zurückzufinden, indem es Unternehmungslust und Einsatzfreude fördert. Mögliche Ergänzungsmittel: *Centaury, Hornbeam, Larch, Olive, Star of Bethlehem.*

### Nr. 13/21 Gorse - Mustard
*Depressionen durch Hoffnungslosigkeit*
Für Menschen, die immer wieder in Depressionen versinken, weil sie unter einer tiefsitzenden, das ganze Fühlen durchsetzenden Hoffnungslosigkeit leiden. Zwar führen sie in ihren »guten« Phasen ein äußerlich halbwegs normales Leben, sind innerlich aber resigniert und freudlos.
Dieses Mittel kann die Häufigkeit und Intensität ihrer Depressionen reduzieren und sie insgesamt optimistischer machen. Es sollte über lange Zeit hinweg genommen werden. Mögliche Ergänzungsmittel: *Centaury, Gentian, Hornbeam, Olive, Star of Bethlehem, Wild Rose.*

### Nr. 13/23 Gorse - Olive
*Hoffnungslosigkeit durch Erschöpfung*
Für Menschen, die nach langem oder intensivem Leiden keine Kraft mehr für den weiteren Lebenskampf haben. Ihr Körper hat seine Reserven aufgebraucht und ihre Seele alle Hoffnung verloren. So warten sie — offen oder uneingestanden — auf ihr Ende.
Dieses Mittel kann nicht nur den Körper stärken, sondern auch positive geistige Kräfte wecken; damit kann es bei schweren, hoffnungslosen Krankheiten eine allgemeine Wende zum Guten herbeiführen, zumindest aber das Leben lebenswerter machen. Es sollte immer bei fortgeschrittenem Krebs eingesetzt werden. Mögliche Ergänzungsmittel: *Centaury, Clematis, Elm, Gentian, Hornbeam, Larch, Mustard, Star of Bethlehem, Sweet Chestnut, Wild Rose.*

### Nr. 13/29 Gorse - Star of Bethlehem
*Hoffnungslosigkeit durch schweres Trauma*
Für Menschen, die von einem schrecklichen Erlebnis oder einem Unfall psychisch oder körperlich so schwer getroffen sind, dass sie alle Hoffnung auf Besserung verloren haben. Von tiefem Pessimismus erfüllt, können sie sich

nicht mehr vorstellen, wieder glücklich oder gesund zu werden.

Dieses Mittel kann — lange genommen — die Wunde heilen und neue Hoffnung wecken. Mögliche Ergänzungsmittel: *Centaury, Clematis, Gentian, Hornbeam, Larch, Mustard, Olive, Wild Rose.*

### Nr. 13/30 Gorse - Sweet Chestnut
*Die absolut hoffnungslose Verzweiflung*

Für Menschen, die so verzweifelt sind, dass sie keinen Ausweg mehr sehen und keinerlei Hoffnung auf bessere Zeiten mehr haben. In ihnen scheint etwas zerbrochen zu sein.

Dieses Mittel, das nur in seltenen Notsituationen benötigt wird, kann hoffnungslos Verzweifelte wieder ansprechbar machen und bewirken, dass sie sich dem Leben wieder zuwenden. Damit schafft es die Voraussetzungen für einen neuen Anfang. Es muss oft genommen und eventuell in verschiedenen Potenzen versucht werden. Mögliche Ergänzungsmittel: *Larch, Mustard, Wild Rose, Willow.*

### Nr. 13/37 Gorse - Wild Rose
*Die totale Resignation*

Für Menschen, die alle Hoffnung und jedes Interesse verloren haben. Sie verhalten sich völlig passiv, weil ihnen alles nichtssagend und von vornherein aussichtslos erscheint. Kommt man ihnen zu Hilfe, so lassen sie es unbeteiligt über sich ergehen.

Dieses Mittel kann wieder ihr Interesse am Leben wecken und eine positive Erwartungshaltung fördern. Es muss lange genommen werden und nach einiger Zeit durch Kombination mit anderen, ihrer Persönlichkeit entsprechenden Mitteln erweitert werden. Mögliche Ergänzungsmittel: *Centaury, Hornbeam, Gentian, Larch, Mustard, Olive, Star of Bethlehem.*

### Nr. 14/16 Heather - Honeysuckle
*Eitle Jugendlichkeit*

Für Menschen, die aus Eitelkeit nicht alt werden können. Sie fürchten, die allgemeine Anerkennung oder ihre Beliebtheit zu verlieren, wenn sie nicht mehr so schön, stark oder fähig wie früher sind. Daher versuchen sie, sozusagen die Uhr anzuhalten und heute noch so zu sein wie früher.

Dieses Mittel hilft ihnen, dem Alter mit mehr Gelassenheit entgegenzusehen. Mögliche Ergänzungsmittel: *Larch, Mustard, Star of Bethlehem, Walnut, Wild Oat.*

### Nr. 14/19 Heather - Larch
*Angeberei aus Minderwertigkeitsgefühl*

Für Menschen, die ständig in aufdringlicher oder angeberischer Weise ihre Vorteile oder Verdienste anpreisen, weil sie sich im Grunde nicht viel zutrauen und sich für minderwertig halten.

Dieses (oft benötigte) Mittel kann sie selbstbewusster und diskreter machen; sie brauchen sich nicht mehr aufzuspielen, werden im Umgang angenehmer und dadurch allgemein mehr geschätzt. Mögliche Ergänzungsmittel: *Agrimony, Vervain, Walnut.*

### Nr. 14/20 Heather - Mimulus
*Aufdringlichkeit aus Furcht vor Einsamkeit*

Für Menschen, die sich vor Ablehnung und Einsamkeit fürchten und deshalb ständig in geschwätziger, aufdringlicher Weise auf sich aufmerksam machen. Gerade deshalb aber will man nichts mit ihnen zu tun haben.

Dieses Mittel kann sie unabhängiger von anderen Menschen machen, so dass sie auch einmal allein sein können. Mögliche Ergänzungsmittel: *Agrimony, Aspen, Cerato, Larch, Mustard, Walnut.*

### Nr. 14/21 Heather - Mustard
*Depression durch Ablehnung oder Einsamkeit*

Für Menschen, die immer wieder depressiv werden, weil sie nicht die Anerkennung bekommen oder die Gesellschaft haben, die sie brauchen.

Dieses Mittel hilft ihnen, unabhängiger von anderen Menschen zu werden und das Leben positiver zu sehen. Mögliche Ergänzungsmittel: *Cerato, Larch, Walnut, Willow.*

### Nr. 14/29 Heather - Star of Bethlehem
*Psychisches Trauma durch Demütigung*

Für Menschen, die an ihrem schwachen Punkt, nämlich dem Bedürfnis nach Anerkennung und Beliebtheit, schwer getroffen wurden. Vielleicht hat man sich über sie lustig gemacht, vielleicht sie aus der Gemeinschaft ausgeschlossen. Jedenfalls kommen sie nicht darüber hinweg und sind dabei, krank zu werden.

Dieses Mittel hilft ihnen, das Trauma zu überwinden und auch allgemein unabhängiger von Anerkennung zu werden. Mögliche Ergänzungsmittel: *Cerato, Chicory, Mustard, Walnut, Willow.*

### Nr. 14/35 Heather - White Chestnut
*Eitles Zwangsdenken*

Für Menschen, deren Denken nur vom Wunsch nach Anerkennung oder Beliebtheit erfüllt ist, wobei sie entweder ständig darüber nachsinnen, wie sie sich bei ihren Mitmenschen in ein möglichst gutes Licht setzen können, oder befürchten, dass ihnen dies nicht gelingt.

Dieses Mittel kann ihre Egozentrik reduzieren, so dass sie auch an etwas anderes als nur an sich selbst denken können. Mögliche Ergänzungsmittel: *Agrimony, Cherry Plum, Impatiens, Mimulus, Walnut.*

### Nr. 15/18 Holly - Impatiens
*Ungeduldig und gereizt*

Für Menschen, die gereizt oder aggressiv sind, weil es nicht so schnell geht, wie sie es in ihrer üblichen Ungeduld wünschen. Warten zu müssen oder aufgehalten zu werden, ist das reinste Gift für sie.

Dieses Mittel ist sowohl für aktuelle Situationen als auch zur konstitutionellen Behandlung geeignet. Es kann die Unruhe dämpfen und die Aggressionen abbauen. Natürlich kann es aus einem von Natur aus schnell denkenden und handelnden Menschen keinen bedächtigen, langsamen machen, aber es kann doch immerhin in den meisten Fällen die Zahl und Intensität der Temperamentsausbrüche wesentlich verringern beziehungsweise im akuten Fall das Schlimmste verhindern. Mögliche Ergänzungsmittel: *Oak, Scleranthus, Vervain, Wild Oat.*

### Nr. 15/20 Holly - Mimulus
*Ängstliche Gereiztheit*

Für Menschen, die aufgrund irgendeiner Angst nervös und gereizt sind. Sie gehören zu dem Typ, der von Natur aus dazu neigt, auf Probleme aggressiv zu reagieren; wenn sie ängstlich angespannt sind, tun sie dies erst recht und verschaffen sich dadurch eine gewisse Erleichterung.

Dieses Mittel kann sie ruhiger und ausgeglichener machen, weil es ihre Angst und zugleich ihre Gereiztheit abbaut. Mögliche Ergänzungsmittel: *Aspen, Impatiens, Rock Rose, Scleranthus.*

### Nr. 15/29 Holly - Star of Bethlehem
*Aggression durch seelische Erschütterung*

Für Menschen, die auf seelische Erschütterungen übertrieben aggressiv reagieren.

Dieses Mittel kann sie wieder besänftigen und ihn helfen, sich konstruktiv mit der Situation auseinanderzusetzen. Mögliche Ergänzungsmittel: *Aspen, Mimulus, Rock Rose.*

### Nr. 15/31 Holly - Vervain
*Reizbarer Weltverbesserer*

Für Menschen, die gerne missionieren und wütend werden, wenn sie dabei auf Widerstand stoßen. Sie wollen für andere nur das Beste, können dabei aber ihr heftiges, leicht reizbares Temperament oft nur schwer zügeln.

Dieses Mittel kann sie nicht nur allgemein verträglicher machen, sondern auch ihren Drang, immer im Leben anderer herumzumanipulieren, dämpfen. Mögliche Ergänzungsmittel: *Beech, Chicory, Oak, Vine.*

### Nr. 15/32 Holly - Vine

*Wut bei Widerspruch oder Fehlern*

Für Menschen, die sich ärgern oder wütend werden, wenn man ihnen widerspricht oder sich anders verhält, als sie es für richtig halten — zum Beispiel die engstirnigen Chefs oder die kleinlichen Haustyrannen. Oft haben sie ein Gallenleiden.

Dieses Mittel kann sie verträglicher, großzügiger und toleranter machen, so dass sie nicht nur andere nach ihrer eigenen Art leben lassen, sondern gelegentlich auch einmal über sich selbst lachen können. Mögliche Ergänzungsmittel: *Beech, Chicory, Impatiens, Vervain.*

### Nr. 15/34 Holly - Water Violet
*Der gereizte Misanthrop*

Für Menschen, die keinen menschlichen Kontakt mehr ertragen können. Sie werden wütend, wenn man sie anspricht, und wollen nur eines: in Ruhe gelassen werden. Ihr Bedürfnis nach Sammlung und Selbstfindung ist durch zu viele ablenkende Kontakte zu kurz gekommen oder wegen einer beginnenden Krankheit stark reduziert.

Dieses Mittel kann sie wieder ausgeglichener und kontaktfreudiger machen. Es wirkt nicht nur bei akuten Problemen, sondern macht auch allgemein verträglicher. Es hilft oft, den Ausbruch einer Krankheit zu verhindern, wenn jemand ohne Grund auf einmal gereizt und unansprechbar wird. Mögliche Ergänzungsmittel: *Elm, Star of Bethlehem, Walnut.*

### Nr. 15/35 Holly - White Chestnut
*Aggressive Zwangsgedanken*

Für Menschen, die so gereizt oder wütend sind, dass sie keinen vernünftigen Gedanken mehr fassen können. Das schadet ihnen selbst am meisten, weil sie nicht mehr gerecht denken und keine sinnvolle Lösung für das zugrundeliegende Problem finden können.

Dieses Mittel hat eine zweifach besänftigende Wirkung: es senkt ihren Reizpegel und klärt ihren Geist. Mögliche Ergänzungsmittel: *Chicory, Impatiens, Oak, Rock Water, Vine.*

### Nr. 15/38 Holly - Willow
*Verbitterung mit Wut oder Hass*

Für Menschen, die Enttäuschungen nicht überwinden können und darauf mit Aggressionen reagieren. Sie können ihre Wut nicht einfach abreagieren und dann vergessen, sondern entwickeln Groll oder Verbitterung, die sie dann bei passender oder unpassender Gelegenheit in Ausfälligkeiten oder schlechter, gereizter Laune ablassen. Häufig haben sie eine Leberkrankheit.

Dieses Mittel kann sie versöhnlicher und genießbarer machen. Es hilft ihnen, das vermeintliche oder tatsächliche Unrecht, wenn nicht zu vergeben, so doch zu vergessen. Mögliche Ergänzungsmittel: *Chicory, Star of Bethlehem, Vine.*

**Nr. 16/17 Honeysuckle - Hornbeam**
*Flucht in die Vergangenheit aus Überforderungsgefühl*
Für Menschen, die sich den Belastungen ihres täglichen Lebens nicht gewachsen fühlen und deshalb in die Vergangenheit fliehen. Sie kompensieren die Unlust, die ihnen die harte Realität bereitet, mit Erinnerungen an die »gute, alte Zeit« und meinen, wenn es noch so wäre wie damals, dann wäre alles leichter. Das führt dazu, dass sie sich immer weniger aufraffen können, das zu tun, was nun einmal getan werden muss.
Dieses Mittel kann sie leistungsfähiger und realistischer machen: die Erinnerungen verblassen, das Leben erscheint ihnen leichter. Mögliche Ergänzungsmittel: *Centaury, Clematis, Gentian, Larch, Mustard, Star of Bethlehem, Wild Rose.*

**Nr. 16/19 Honeysuckle - Larch**
*Flucht in die Vergangenheit aus Mangel an Selbstvertrauen*
Für Menschen, die aus Schüchternheit und mangelndem Selbstvertrauen in die Vergangenheit fliehen und sich mit Erinnerungen an bessere, erfolgreichere Zeiten trösten, statt sich den Herausforderungen ihres Leben zu stellen.
Dieses Mittel kann ihr Selbstvertrauen und ihr Interesse am Leben stärken. Mögliche Ergänzungsmittel: *Clematis, Gentian, Hornbeam, Mustard, Star of Bethlehem, Wild Rose.*

**Nr. 16/20 Honeysuckle - Mimulus**
*Flucht in die Vergangenheit aus Ängstlichkeit*
Für Menschen, die sich in schöne Erinnerungen flüchten, weil sie sich vor der Gegenwart — das heißt, bestimmten Problemen oder Prüfungen — fürchten. Sie stecken den Kopf in den Sand.
Dieses Mittel kann sie mutiger **und** unternehmungslustiger machen. Es wird oft von Kindern benötigt. Mögliche Ergänzungsmittel: *Aspen, Larch, Mustard, Star of Bethlehem, Wild Rose.*

**Nr. 16/21 Honeysuckle - Mustard**
*Depressionen durch Verlust*
Für Menschen, die wegen eines schweren Verlustes keine richtige Freude mehr am Leben haben; sie werden von Zeit zu Zeit depressiv und verfallen in wehmütige Erinnerungen.
Dieses Mittel hilft ihnen, den Verlust zu überwinden und sich wieder ihres Lebens zu erfreuen. Mögliche Ergänzungsmittel: *Centaury, Gentian, Star of Bethlehem, Wild Rose.*

**Nr. 16/23 Honeysuckle - Olive**
*Flucht in die Vergangenheit aus Erschöpfung*
Für Menschen, die zu erschöpft sind, um sich der Lebensrealität zu stellen, und

sich stattdessen nur noch Erinnerungen an (angeblich) leichtere und glücklichere Zeiten hingeben.

Dieses Mittel kann ihnen ihre verlorene Kraft zurückgeben und sie aus dem Sog schöner Erinnerungen befreien, so dass sie sich wieder ihrem Leben zuwenden können. Mögliche Ergänzungsmittel: *Centaury, Gentian, Hornbeam, Larch, Mustard, Star of Bethlehem, Wild Rose.*

### Nr. 16/29 Honeysuckle - Star of Bethlehem
*Unbewältigter Verlust*

Für Menschen, die durch einen schweren Verlust so sehr erschüttert wurden, dass sie mit ihrem Leben nicht mehr zurechtkommen. Da es ihnen nicht gelingt, den Schock zu überwinden, verlieren sie die Beziehung zur Gegenwart.

Dieses Mittel hilft ihnen, die schmerzlichen Gefühle und Erinnerungen zu überwinden und das Geschehene zu akzeptieren. Mögliche Ergänzungsmittel: *Clematis, Mustard, Wild Rose, Willow.*

### Nr. 16/35 Honeysuckle - White Chestnut
*Zwanghafte Erinnerungen*

Für Menschen, die bestimmte Erinnerungen — meist an bessere Zeiten — nicht abschütteln können. Sie sind außerstande, an etwas anderes zu denken, und interessieren sich nur wenig für die Gegenwart oder die Zukunft.

Dieses Mittel kann ihr Denken klar machen, so dass sie sich wieder der Realität zuwenden können. Mögliche Ergänzungsmittel: *Chicory, Rock Rose, Star of Bethlehem, Willow.*

### Nr. 16/37 Honeysuckle - Wild Rose
*Wehmütige Resignation*

Für Menschen, die sich resigniert und interesselos durchs Leben treiben lassen, weil sie etwas verloren haben, woran ihr Herz hing und das sie in der Gegenwart nicht finden können.

Dieses Mittel kann ihre Erinnerungen verblassen lassen und sie wieder unternehmungslustiger machen. Mögliche Ergänzungsmittel: *Gentian, Gorse, Larch, Mustard, Star of Bethlehem.*

### Nr. 16/38 Honeysuckle - Willow
*Verbitterung durch Verlust*

Für Menschen, die wegen eines Verlustes mit ihrem Schicksal hadern oder jemandem grollen.

Dieses Mittel kann sie versöhnlicher machen; es hilft ihnen, mit der Vergangenheit abzuschließen und ihr Schicksal zu akzeptieren. Mögliche Ergänzungsmittel: *Chicory, Holly, Star of Bethlehem.*

### Nr. 17/19 Hornbeam - Larch

*Überforderungsgefühl durch Mangel an Selbstvertrauen*

Für Menschen, die ihre Leistungsfähigkeit unterschätzen und ihre Probleme überschätzen, weshalb sie sich ständig überfordert fühlen.

Dieses Mittel kann sie selbstbewusster und leistungsfähiger machen. Es baut Überforderungs-Gefühle ab. Mögliche Ergänzungsmittel: *Centaury, Gentian, Elm, Mimulus, Mustard, Olive, Star of Bethlehem.*

### Nr. 17/20 Hornbeam - Mimulus

*Versagensängste*

Für ängstliche Menschen, die immer wieder Probleme sehen, obwohl diese objektiv nicht oder jedenfalls nicht in diesem Ausmaß — existieren. Sie machen, wie das Sprichwort sagt, aus jeder Mücke einen Elefanten.

Dieses Mittel kann sie mutiger, realistischer und optimistischer machen. Mögliche Ergänzungsmittel: *Aspen, Cerato, Elm, Gentian, Larch, Mustard, Star of Bethlehem.*

### Nr. 17/37 Hornbeam - Wild Rose

*Antriebslosigkeit durch Überforderungsgefühl*

Für Menschen, die sich durch den Tag treiben lassen, weil sie meinen, es sei alles zu schwer für sie. Wenn sie morgens daran denken, was sie alles leisten müssen, vergeht ihnen jede Unternehmungslust, so dass sie sich schließlich zu nichts aufraffen können und nur herumhängen.

Dieses Mittel kann ihr Interesse am Leben und ihren Leistungswillen wieder wecken. Mögliche Ergänzungsmittel: *Centaury, Gentian, Larch, Mustard, Olive, Star of Bethlehem, Wild Oat.*

### Nr. 18/20 Impatiens - Mimulus

*Ängstliche Unruhe*

Für Menschen, die aus Angst unruhig und nervös geworden sind oder es zu werden pflegen.

Dieses Mittel kann sie mutiger und gelassener machen. Mögliche Ergänzungsmittel: *Aspen, Red Chestnut, Rock Rose.*

### Nr. 18/25 Impatiens - Red Chestnut

*Sorgenvolle Unruhe*

Für Menschen, die aus Sorge um jemanden sehr unruhig und nervös sind (zum Beispiel bei Operationen oder gefährlichen Unternehmungen).

Dieses Mittel kann ihnen mehr Ruhe und Zuversicht geben. Es wird oft von besorgten Eltern benötigt. Mögliche Ergänzungsmittel: *Aspen, Chicory, Mimulus, Star of Bethlehem, Walnut.*

### Nr. 18/26 Impatiens - Rock Rose
*Panikartige Getriebenheit*
Für Menschen, die sich in Panikstimmung befinden und daher nicht mehr ruhig und überlegt handeln können. Dies kann auch vorkommen, wenn man unter Zeitdruck steht, zum Beispiel bei einer schwierigen Arbeit, einer Prüfung, einer wichtigen Verabredung; dann macht man Fehler, die man sich gerade in dieser Situation nicht leisten kann.

Dieses Mittel kann Panikzuständen vorbeugen und die Nervosität abbauen. Es muss häufig genommen werden. Mögliche Ergänzungsmittel: *Cherry Plum, Elm, Larch, Mimulus, Star of Bethlehem, Vervain.*

### Nr. 18/28 Impatiens - Scleranthus
*Sprunghaft und ungeduldig*
Für sehr unruhige, ungeduldige und sprunghafte Menschen. Oft wenden sie sich mit der gleichen Schnelligkeit, mit der sie sich heute für eine Sache engagieren, morgen wieder von ihr ab und beginnen sogleich etwas anderes.

Dieses Mittel kann sie ruhiger und besonnener machen, so dass sie sich für etwas klar entscheiden und es dann ohne Überstürzung konsequent durchführen können. Mögliche Ergänzungsmittel: *Cerato, Vervain, Wild Oat.*

### Nr. 18/31 Impatiens - Vervain
*Stress und Hetze*
Für Menschen, die alles mit Volldampf betreiben. Schon bei der kleinsten Verzögerung geraten sie unter Stress, werden ungeduldig und nervös. Oder für Situationen, in denen man unruhig und gehetzt auf ein bestimmtes Ziel zu fiebert.

Dieses Mittel hilft, geduldiger, umsichtiger und flexibler beim Verfolgen von Plänen, Wünschen und Zielen zu sein. Es wird oft im Berufs- und Terminstress benötigt. Mögliche Ergänzungsmittel: *Elm, Holly, Oak, Vine.*

### Nr. 18/35 Impatiens - White Chestnut
*Geistige Getriebenheit*
Für Menschen, die dazu neigen, ihre Ideen allzu ungeduldig in die Tat umzusetzen. Oft sind sie von einem bestimmten Gedanken oder Wunsch geradezu besessen, und es kann ihnen nicht schnell genug gehen, bis sie ihn realisiert haben. Dabei werden sie nervös, unvorsichtig, hektisch oder aufdringlich und verlieren den Überblick über ihr Leben.

Dieses Mittel kann ihnen mehr Geduld, Ruhe und Umsicht verleihen. Mögliche Ergänzungsmittel: *Cherry Plum, Holly, Oak, Vine, Vervain.*

### Nr. 19/20 Larch - Mimulus
*Ängstlichkeit durch mangelndes Selbstvertrauen*
Für Menschen, die bei allen möglichen Gelegenheiten Angst bekommen, da sie

kein Vertrauen in ihre Kraft und Fähigkeiten haben.

Dieses Mittel kann sie selbstbewusster und mutiger machen. Mögliche Ergänzungsmittel: *Aspen, Centaury, Cerato, Gentian, Mustard, Star of Bethlehem, Walnut.*

### Nr. 19/23 Larch - Olive
*Selbstzweifel aus Erschöpfung*
Für Menschen, die so erschöpft sind, dass sie sich nichts mehr zutrauen, oder für Menschen, die wegen eines zu geringen Selbstvertrauens schnell erschöpft sind.
Dieses Mittel kann sie leistungsfähiger und selbstbewusster machen. Mögliche Ergänzungsmittel: *Centaury, Elm, Gentian, Hornbeam, Mustard, Star of Bethlehem, Wild Rose.*

### Nr. 19/24 Larch - Pine
*Das Gefühl moralischer Minderwertigkeit*
Für Menschen, die aufgrund von moralischen Bedenken oder Schuldgefühlen an ihrem eigenen Wert zweifeln oder aufgrund von Minderwertigkeitsgefühlen zur Selbstbeschuldigung neigen.
Dieses Mittel kann sie von erniedrigenden Schuldvorstellungen befreien und ihr Selbstwertgefühl heben. Mögliche Ergänzungsmittel: *Centaury, Crab Apple, Mustard, Star of Bethlehem.*

### Nr. 19/27 Larch - Rock Water
*Minderwertigkeitsgefühl aus idealistischer Selbstüberforderung*
Für Menschen, die große Anforderungen an sich stellen und sich für minderwertig halten, weil sie diese nicht erfüllen können, oder die sich viel abverlangen, weil sie sich insgeheim für Versager halten. Sie können nicht mehr erkennen, dass Ideale nie der Wahrheit entsprechen.
Dieses Mittel kann sie mit sich aussöhnen, so dass sie sich weder übertriebene Disziplin noch Zwang auferlegen müssen, um ein gutes Selbstwertgefühl zu bekommen. Mögliche Ergänzungsmittel: *Crab Apple, Pine, Vine, Walnut.*

### Nr. 19/29 Larch - Star of Bethlehem
*Verlust des Selbstvertrauens durch seelisches Trauma*
Für Menschen, die infolge eines Erlebnisses, das sie seelisch nicht verkraften konnten (meistens ist es eine Niederlage oder Blamage), ihr Selbstvertrauen verloren haben. Von Natur aus ohnehin schon etwas schüchtern, wagen sie jetzt gar nichts mehr.
Dieses Mittel kann ihr Selbstbewusstsein stärken und ihnen helfen, das traumatisierende Ereignis mit anderen Augen zu sehen. Mögliche Ergänzungsmittel: *Aspen, Centaury, Crab Apple, Gentian, Rock Water, Pine, Walnut.*

### Nr. 19/33 Larch - Walnut
*Beeinflussbarkeit durch Mangel an Selbstvertrauen*

Für Menschen, die sich zu wenig zutrauen und sich deshalb zu stark von anderen beeinflussen lassen. Das führt dazu, dass sie ihre Pläne nicht in die Tat umsetzen oder Dinge tun, die sie eigentlich gar nicht wollen.

Dieses Mittel kann ihnen mehr inneren Rückhalt geben: sie entwickeln Vertrauen in die eigenen Fähigkeiten und können sich allen Einflüssen widersetzen, die sie von ihrem eigenen Wege abzubringen drohen. Mögliche Ergänzungsmittel: *Centaury, Cerato, Gentian, Wild Oat.*

### Nr. 19/34 Larch - Water Violet
*Kontaktprobleme durch Minderwertigkeitsgefühle*

Für Menschen, die sich für weniger wert oder fähig als andere halten und deshalb Gesellschaft meiden. Manchmal machen sie dabei einen einzelgängerischen oder arroganten Eindruck.

Dieses Mittel kann sie selbstbewusster und kontaktfreudiger machen. Es ist besonders für Schulkinder oder für Geschäftsleute geeignet. Mögliche Ergänzungsmittel: *Agrimony, Mimulus, Mustard, Star of Bethlehem.*

### Nr. 19/36 Larch - Wild Oat
*Verfehlter Lebenssinn durch mangelndes Selbstvertrauen*

Für Menschen, die außerstande sind, ihr Leben sinnvoll und befriedigend zu gestalten, weil sie sich zu wenig zutrauen. Viele ihrer Ideen scheitern unnötigerweise bereits im Stadium der Planung, und mancher Weg scheint ihnen grundlos von vornherein verschlossen.

Dieses Mittel kann ihnen mehr Selbstbewusstsein und Klarheit in der Lebensgestaltung geben. Es muss eventuell lange genommen werden, kann dann aber das ganze Leben positiv beeinflussen. Mögliche Ergänzungsmittel: *Aspen, Centaury, Gentian, Hornbeam, Mustard, Star of Bethlehem, Walnut.*

### Nr. 19/37 Larch - Wild Rose
*Antriebslosigkeit mit mangelndem Selbstvertrauen*

Für Menschen, die das Interesse am aktiven Lebenskampf verloren haben, weil sie nicht an ihren Erfolg glauben können. Sie lassen viele Chancen nutzlos verstreichen oder treten anderen kampflos ihre Rechte und Ansprüche ab.

Dieses Mittel kann ihnen mehr Selbstbewusstsein und mehr Interesse an einer aktiven Lebensgestaltung geben. Mögliche Ergänzungsmittel: *Aspen, Gentian, Hornbeam, Mimulus, Mustard, Olive, Star of Bethlehem, Wild Oat.*

### Nr. 20/23 Mimulus - Olive
*Verängstigt und erschöpft*

Für Menschen, bei denen sich Angst und Erschöpfung gegenseitig steigern:

einerseits hat große oder langdauernde Angst ihre Kraft verbraucht, und andererseits untergräbt die Erschöpfung ihren Mut.

Dieses Mittel kann ihnen mehr Mut durch mehr Kraft und mehr Kraft durch mehr Mut geben. Mögliche Ergänzungsmittel: *Aspen, Gentian, Hornbeam, Larch, Mustard, Star of Bethlehem.*

## Nr. 20/24 Mimulus - Pine
*Angst vor Schuld*

Für Menschen, die es aus Angst vor Schuldgefühlen nicht wagen, so zu handeln oder zu leben, wie es ihnen eigentlich gefallen würde.

Dieses Mittel ist wichtig, denn es hilft dem Menschen, die durch Erziehung aufgezwungene, fremde Moral durch seine persönliche zu ersetzen. Es kann die Tendenz, sich selbst zu verurteilen, abbauen und Mut zu selbstverantwortlichem Handeln machen. Mögliche Ergänzungsmittel: *Centaury, Cerato, Gentian, Larch, Mustard, Star of Bethlehem, Walnut.*

## Nr. 20/25 Mimulus - Red Chestnut
*Ängstliche Überfürsorge*

Für Menschen, die immer Angst haben, ihren Lieben könnte etwas Schlimmes geschehen.

Dieses Mittel hilft, Menschen, zu denen man eine gefühlsbetonte Beziehung hat, ohne zu viel Angst ihre eigenen Wege gehen zu lassen. Es wird oft von Eltern benötigt. Mögliche Ergänzungsmittel: *Aspen, Chicory, Impatiens, Mustard, Star of Bethlehem, Vine.*

## Nr. 20/26 Mimulus - Rock Rose
*Ängstlichkeit mit Paniktendenz*

Für Menschen, die allgemein furchtsam sind und zu Panikreaktionen neigen, wenn sie erschreckt werden, oder die von Panik erfasst wurden, weil sie in eine Situation geraten sind, vor der sie sich immer gefürchtet haben.

Dieses Mittel kann sie wieder beruhigen oder allgemein ihre panikerzeugenden Ängste abbauen. Mögliche Ergänzungsmittel: *Aspen, Elm, Larch, Star of Bethlehem, Walnut.*

## Nr. 20/28 Mimulus - Scleranthus
*Angstbedingte Entscheidungsunfähigkeit*

Für Menschen, die sich vor einer bestimmten Situation so sehr fürchten, dass sie nicht mehr wissen, was sie tun sollen. Sie sind wie gelähmt und können keine Entscheidung treffen.

Dieses Mittel kann ihnen nicht nur aus der Blockade helfen, sondern, prophylaktisch eingenommen, diese auch verhüten. Es baut die Angst ab und klärt gleichzeitig den Blick für die richtige Entscheidung. Mögliche Ergänzungsmittel: *Aspen, Cherry Plum, Gentian, Larch, Rock Rose, Star of*

Bethlehem, Wild Oat, Walnut.

### Nr. 20/29 Mimulus - Star of Bethlehem
*Ängstlichkeit durch psychisches Trauma*
Für Menschen, die etwas Schreckliches erlebt haben und seither unnormal ängstlich sind. Die Angst kann sich entweder auf bestimmte Umstände beziehen oder ganz allgemein ihr Verhalten bestimmen.
Dieses Mittel kann die innere Wunde heilen und ihnen ihren normalen Lebensmut zurückgeben. Mögliche Ergänzungsmittel: *Aspen, Centaury, Hornbeam, Larch, Mustard, Walnut.*

### Nr. 20/33 Mimulus - Walnut
*Beeinflussbarkeit aus Ängstlichkeit*
Für Menschen, die fühlen, dass sie eine neue Lebensrichtung einschlagen müssen, sich aber aus Angst vor den Folgen immer wieder davon abbringen lassen.
Dieses Mittel ist wichtig für empfindliche, beeindruckbare Menschen, die sich in einer Lebensumstellung befinden. Es kann ihnen den Mut geben, sich von ihrem eigenen Weg weder durch anderslautende Meinungen noch durch Drohungen oder Erpressungsversuche abbringen zu lassen. Mögliche Ergänzungsmittel: *Centaury, Cerato, Gentian, Larch, Mustard, Wild Oat.*

### Nr. 20/35 Mimulus - White Chestnut
*Ängstliche Zwangsgedanken*
Für Menschen, die aus Angst vor irgendetwas keinen klaren Gedanken mehr fassen können.
Dieses Mittel kann ihre Angst zurückdrängen und ihnen helfen, nicht nur die angsterregende Problematik in Ruhe zu durchdenken und dafür eine vernünftige Lösung zu finden, sondern sich auch wieder mit anderen Dingen zu beschäftigen. Es wird meistens nur vorübergehend benötigt, sollte dann aber häufig genommen werden. Mögliche Ergänzungsmittel: *Agrimony, Aspen, Cerato, Cherry Plum, Larch, Rock Rose, Star of Bethlehem.*

### Nr. 21/23 Mustard - Olive
*Depression durch Erschöpfung oder Erschöpfung mit Depression*
Für Menschen, die durch eine schwere Belastung oder eine lange Krankheit so erschöpft sind, dass sie keine Lebensfreude mehr empfinden können.
Dieses Mittel kann ihnen wieder Kraft und eine positivere Lebenseinstellung geben. Es kann — vor allem bei Krankheiten — eine gefährliche Entwicklung stoppen oder auch, rechtzeitig genommen, die Entstehung von Krankheiten verhindern. Mögliche Ergänzungsmittel: *Centaury, Clematis, Gentian, Hornbeam, Larch, Star of Bethlehem, Wild Rose.*

## Nr. 21/24 Mustard - Pine

*Depression durch Schuldgefühle*

Für Menschen, die aufgrund von verdrängten Schuldgefühlen immer wieder von depressiven Stimmungen überfallen werden. Da sie sich nicht bewusst mit ihrem Problem auseinandersetzen, beherrscht es sie untergründig und verhindert nicht nur, dass sie sich frei und unbeschwert ihres Lebens erfreuen können, sondern verdirbt ihnen auch immer wieder — scheinbar aus heiterem Himmel — die Laune.

Dieses Mittel kann sie lebensfroher machen, indem es nicht nur ihre Schuldgefühle, sondern auch allgemein die Tendenz, schwermütig zu werden, reduziert. Mögliche Ergänzungsmittel: *Centaury, Crab Apple, Larch, Rock Water, Walnut, Wild Oat.*

## Nr. 21/25 Mustard - Red Chestnut

*Sorgenvolle Depression*

Für Menschen, die sich zu oft und zu viel Sorgen um andere machen und dadurch in eine allgemeine, sich zeitweise verstärkende Niedergeschlagenheit geraten. Dabei fördert die depressive Grundstimmung ihrerseits die Tendenz zu sorgenvollem Pessimismus.

Dieses Mittel kann sie sorgloser und fröhlicher machen. Mögliche Ergänzungsmittel: *Aspen, Centaury, Chicory, Gentian, Star of Bethlehem.*

## Nr. 21/28 Mustard - Scleranthus

*Häufige Stimmungsschwankungen*

Für Menschen, die unter unberechenbaren Stimmungsschwankungen leiden und dabei immer wieder grundlos schwermütig werden.

Dieses Mittel hilft ihnen, ihre Stimmung bewusster zu steuern. Es kann sie ausgeglichener und insgesamt fröhlicher machen. Mögliche Ergänzungsmittel: *Cerato, Impatiens, Larch, Wild Oat.*

## Nr. 21/29 Mustard - Star of Bethlehem

*Depressionen durch psychisches Trauma*

Für Menschen, die infolge eines schrecklichen Erlebnisses oder furchtbarer Lebensumstände immer wieder von Depressionen überfallen werden.

Dieses Mittel kann sie davon befreien, indem es die belastenden Umstände in ein anderes Licht rückt, der Psyche die Möglichkeit eröffnet, damit Frieden zu schließen, und die Stimmungslage insgesamt auf ein positiveres Niveau hebt. Mögliche Ergänzungsmittel: *Aspen, Centaury, Clematis, Gentian, Honeysuckle, Larch, Pine, Red Chestnut, Wild Rose.*

## Nr. 21/34 Mustard - Water Violet

*Schwere, depressive Kontaktstörungen*

Für Menschen, die von Zeit zu Zeit scheinbar grundlos von Schwermut befallen werden und sich dann von der Welt zurückziehen.

Dieses Mittel kann sie wieder fröhlicher und kontaktfreudiger machen. Es sollte zur Langzeittherapie eingesetzt werden. Mögliche Ergänzungsmittel: *Agrimony, Clematis, Larch, Star of Bethlehem, Willow.*

### Nr. 21/36 Mustard - Wild Oat
*Depression aus Sinnlosigkeit*

Für Menschen, die in ihrem Leben keinen richtigen Sinn finden können und deshalb immer wieder sehr depressiv werden.

Dieses Mittel kann ihre Stimmung verbessern und ihnen das Leben wieder sinnvoller erscheinen lassen. Mögliche Ergänzungsmittel: *Centaury, Cerato, Clematis, Gentian, Larch, Scleranthus, Star of Bethlehem.*

### Nr. 21/37 Mustard - Wild Rose
*Depressive Resignation*

Für Menschen, die aus einer pessimistischen Grundhaltung heraus das Interesse an ihrem Leben verloren haben. Sie wissen schon längst nicht mehr, weshalb sie in diesen Zustand gekommen sind.

Dieses Mittel kann ihre negative Lebenshaltung abschwächen und ihr Lebensinteresse wieder wecken. Mögliche Ergänzungsmittel: *Centaury, Clematis, Gentian, Larch, Star of Bethlehem, Walnut.*

### Nr. 21/38 Mustard - Willow
*Depressionen durch Verbitterung*

Für Menschen, die wegen eines erlittenen Unrechts oder einer schweren Enttäuschung in eine tiefe Verbitterung geraten sind; diese äußert sich bei ihnen nicht in extravertiertem Hass, sondern in introvertierter Lebensablehnung.

Dieses Mittel hilft ihnen, das Leben wieder etwas positiver und versöhnlicher zu sehen. Mögliche Ergänzungsmittel: *Clematis, Gentian, Chicory, Larch, Star of Bethlehem.*

### Nr. 22/24 Oak - Pine
*Unnachgiebiger Perfektionismus*

Für Menschen, bei denen sich ein starkes Pflichtgefühl mit großem Ehrgeiz verbindet und sie zu perfekten Leistungen treibt. Daher verlieren sie oft den Überblick über ihre Möglichkeiten und geraten in krankmachenden Stress.

Dieses Mittel kann sie aus ihren Zwängen befreien, so dass sie sich auch einmal einen »Ausrutscher« zubilligen können und ihre Lebensfreude nicht mehr ihrem Ehrgeiz opfern müssen. Mögliche Ergänzungsmittel: *Crab Apple, Larch, Rock Water, Water Violet, Vervain, Vine.*

### Nr. 22 /27 Oak - Rock Water
*Selbstquälerischer Leistungszwang*

Für ausgesprochen disziplinierte Menschen, die sich selbst zu sehr unter Zwang und Leistungsstress setzen.

Dieses Mittel hilft ihnen, die Ansprüche, die sie an sich stellen, zu reduzieren, so dass sie es sich auch einmal gut gehen lassen können. Mögliche Ergänzungsmittel: *Crab Apple, Impatiens, Pine, Vine.*

### Nr. 22/31 Oak - Vervain
*Stress durch Leistungszwang*

Für Menschen, bei denen sich ein unnachgiebiger Wille und große Einsatzfreudigkeit kombinieren und oft starken, nicht beherrschbaren Stress erzeugen.

Dieses Mittel kann sie besonnener, flexibler und nachgiebiger machen, so dass sie ihre Kräfte besser beherrschen und einteilen können. Mögliche Ergänzungsmittel: *Chicory, Impatiens, Holly, Red Chestnut, Rock Water, Vine.*

### Nr. 22/32 Oak - Vine
*Dogmatischer Leistungszwang*

Für Menschen, die unter dem Zwang stehen, ihre Überzeugung um jeden Preis in die Tat umzusetzen. Sie sind von der Richtigkeit ihrer — oft kleinlichen, dogmatischen — Meinungen so überzeugt, dass ihnen nicht die Idee kommt, einmal »fünf gerade sein« zu lassen. Das macht sie humorlos, verbiestert und verkrampft.

Dieses Mittel kann sie toleranter, nachgiebiger und umgänglicher machen, so dass sie auch einmal eine andere Meinung gelten, ihre Meinung hinterfragen und den Dingen ihren Lauf lassen können. Mögliche Ergänzungsmittel: *Chicory, Impatiens, Holly, Red Chestnut, Rock Water, Vervain.*

### Nr. 22/34 Oak - Water Violet
*Einsamkeit durch Ehrgeiz*

Für Menschen, die ganz für ihre Ziele oder Aufgaben leben und dabei keine menschlichen Kontakte brauchen können. Sie haben das Gefühl, dass sie, wenn sie sich anderen mitteilen oder sich in deren Gesellschaft aufhalten, Zeit und Kraft vergeuden und von dem, wofür sie leben, abgelenkt werden. Dadurch werden sie nicht nur einsam, sondern auch einseitig und verbissen.

Dieses Mittel kann sie umgänglicher, kontaktfreudiger, flexibler und nachgiebiger machen. Mögliche Ergänzungsmittel: *Elm, Holly, Impatiens, Rock Water.*

### Nr. 22/35 Oak - White Chestnut
*Erfolgsorientiertes Zwangsdenken*

Für Menschen, in deren Denken für nichts anderes Platz ist als für ihre Ziele und Pläne; dabei befinden sie sich in einem ständigen gedanklichen und körperlichen Stress.

Dieses Mittel kann sie geistig vielseitiger und flexibler machen, so dass sie neben ihren Plänen noch an andere Dinge denken können. Mögliche Ergänzungsmittel: *Chicory, Red Chestnut, Rock Water, Vervain, Vine.*

### Nr. 22/38 Oak - Willow
*Unerbittliche Rachsucht*

Für Menschen, die von Rachsucht beherrscht werden, weil sie sich ungerecht behandelt oder beleidigt fühlen. Selbst wenn sie es anders wollten, könnten sie nicht vergeben und vergessen.

Dieses Mittel kann sie versöhnlicher und entgegenkommender machen. Mögliche Ergänzungsmittel: *Chicory, Star of Bethlehem, Vine.*

### Nr. 23/24 Olive - Pine
*Zermürbende Schuldkomplexe*

Für Menschen, die so sehr unter Schuldgefühlen leiden, dass sie keine Kraft mehr für ihr normales Leben haben.

Dieses Mittel kann ihnen ein besseres Gewissen und mehr Kraft geben. Mögliche Ergänzungsmittel: *Centaury, Crab Apple, Gentian, Larch, Mustard, Star of Bethlehem, Walnut.*

### Nr. 23/25 Olive - Red Chestnut
*Zermürbende Sorgen*

Für Menschen, die am Ende ihrer Kraft sind, weil sie sich zu viele Sorgen um jemanden gemacht haben.

Dieses Mittel kann sie sorgloser und stärker machen. Mögliche Ergänzungsmittel: *Aspen, Hornbeam, Mimulus, Mustard, Star of Bethlehem, Walnut, White Chestnut.*

### Nr. 23/29 Olive - Star of Bethlehem
*Mangel an seelischer Widerstandskraft durch Erschöpfung*

Für Menschen, die so schwach sind, dass sie keinerlei seelische Erschütterung mehr verkraften können, oder die durch schwere seelische Belastungen erschöpft sind.

Dieses Mittel kann sie wieder belastbar machen. Mögliche Ergänzungsmittel: *Aspen, Centaury, Gentian, Gorse, Larch, Mimulus, Hornbeam, Wild Rose.*

### Nr. 23/33 Olive - Walnut
*Beeinflussbarkeit durch Erschöpfung*

Für Menschen, die so sehr erschöpft sind, dass sie sich Beeinflussungen durch andere Menschen nicht widersetzen können

Dieses Mittel kann ihnen Selbständigkeit und Kraft geben, ihr Leben selbst zu gestalten. Es ist auch nützlich, wenn einem bei schwierigen Verhandlungen die Kräfte ausgehen und man seine Position nicht mehr vertreten kann. Mögliche Ergänzungsmittel: *Centaury, Cerato, Gentian, Hornbeam, Larch, Mimulus, Wild Rose.*

### Nr. 23/34 Olive - Water Violet
*Ungeselligkeit aus Erschöpfung*
Für Menschen, die zu erschöpft sind, um Kontakte zu pflegen oder an Gesellschaft Freude zu finden. Sie ziehen sich zurück, um sich in Ruhe erholen zu können.
Dieses Mittel kann sie wieder kräftiger und kontaktfreudiger machen. Es ist oft bei schweren Krankheiten nützlich. Mögliche Ergänzungsmittel: *Agrimony, Gentian, Larch, Mustard, Star of Bethlehem, Walnut, Wild Rose.*

### Nr. 23/37 Olive - Wild Rose
*Antriebslosigkeit aus Erschöpfung*
Für Menschen, deren Kräfte so sehr erschöpft sind, dass sie sich nur noch hängen lassen oder resigniert und uninteressiert vor sich hin vegetieren können.
Dieses Mittel (das mit jenem kombiniert werden sollte, das für die Ursache der Erschöpfung zuständig ist) kann ihre Unternehmungslust und Lebenskraft stärken. Mögliche Ergänzungsmittel: *Gentian, Hornbeam, Mustard, Star of Bethlehem.*

### Nr. 24/25 Pine - Red Chestnut
*Sorgen durch schlechtes Gewissen*
Für Menschen, die sich aus Schuldgefühl Sorgen um andere machen. Sie fühlen sich für alle verantwortlich und vernachlässigen sich selbst dabei.
Dieses Mittel hilft ihnen, sich mit gutem Gewissen auch um ihr eigenes Wohl zu kümmern. Mögliche Ergänzungsmittel: *Aspen, Chicory, Crab Apple, Mimulus, Mustard, Star of Bethlehem, Walnut.*

### Nr. 24/27 Pine - Rock Water
*Zwanghafter Perfektionismus*
Für Menschen, die ein schlechtes Gewissen bekommen, wenn sie nicht perfekt sind oder handeln, und sich deshalb strenge Disziplin auferlegen. Dadurch werden sie freudlos und verkrampft.
Dieses Mittel kann die Tendenz, sich selbst zu verurteilen und sich zu quälen, verringern, so dass sie ihre Fehler leichter nehmen können. Mögliche Ergänzungsmittel: *Crab Apple, Larch, Star of Bethlehem, Vine, Walnut.*

### Nr. 24/29 Pine - Star of Bethlehem
*Unverarbeitetes Schuldtrauma*
Für Menschen, die ein mit starken Schuldgefühlen einhergehendes, erschütterndes Erlebnis nicht verarbeiten können.
Dieses Mittel ist bei der psychotherapeutischen Aufarbeitung eines Schuld-Traumas nützlich. Es kann das Gewissen befreien und die innere Ordnung wiederherstellen. Mögliche Ergänzungsmittel: *Centaury, Crab Apple, Larch, Mustard, Rock Water, Walnut.*

### Nr. 24/33 Pine - Walnut
*Abwehrschwäche gegen Beschuldigungen*
Für Menschen, die sich zu leicht von anderen ein schlechtes Gewissen machen lassen.
Dieses Mittel kann ihnen mehr Selbstsicherheit und die Kraft geben, sich durch bösgemeinte Beschuldigungen nicht verunsichern zu lassen. Mögliche Ergänzungsmittel: *Centaury, Cerato, Crab Apple, Gentian, Larch, Mustard, Rock Water, Star of Bethlehem.*

### Nr. 24/35 Pine - White Chestnut
*Schuldbetonte Zwangsgedanken*
Für Menschen, die sich nicht mehr von ihrem schlechten Gewissen befreien können. Die Vorstellung von ihrer vermeintlichen oder tatsächlichen Schuld blockiert ihr ganzes Denken, raubt ihnen die Ruhe und die innere Klarheit.
Dieses Mittel kann sie von ihren quälenden Schuldgedanken befreien, so dass sie wieder normal denken können. Mögliche Ergänzungsmittel: *Centaury, Cherry Plum, Crab Apple, Elm, Larch, Mustard, Oak, Star of Bethlehem, Walnut.*

### Nr. 25/26 Red Chestnut - Rock Rose
*Panikartige Sorgen*
Für Menschen, die aus übergroßer Sorge um jemanden in Panik mit Kopflosigkeit oder Gefühlsverwirrung zu geraten drohen oder geraten sind.
Dieses Mittel kann sie wieder sorgloser und gelassener machen. Mögliche Ergänzungsmittel: *Aspen, Cherry Plum, Chicory, Impatiens, Mimulus, Star of Bethlehem, Walnut.*

### Nr. 25/29 Red Chestnut - Star of Bethlehem
*Übertriebene Sorgen aufgrund von schlechten Erfahrungen*
Für Menschen, die etwas Schreckliches erlebt haben und nun befürchten, dass etwas Ähnliches jemandem, der ihnen nahesteht, passieren könnte.
Dieses Mittel kann das Trauma heilen und ihre Sorgen vertreiben. Mögliche Ergänzungsmittel: *Aspen, Cherry Plum, Chicory, Gentian, Mimulus, Mustard, Rock Rose, White Chestnut.*

### Nr. 25/35 Red Chestnut - White Chestnut
*Sorgenvolle Gedanken*
Für Menschen, deren Denken ganz von der Sorge um jemanden erfüllt ist. Ständig gehen ihnen angsterregende Vorstellungen durch den Kopf und verfolgen sie oft bis in die Träume.
Dieses Mittel hilft ihnen, wieder optimistischer zu denken. Mögliche Ergänzungsmittel: *Aspen, Honeysuckle, Impatiens, Mimulus, Rock Rose.*

### Nr. 26/28 Rock Rose - Scleranthus
*Handlungsunfähig durch Panik*
Für Menschen, die durch plötzliche, panische Angst so blockiert sind, dass sie nicht mehr wissen, was sie tun sollen.
Dieses Mittel hilft, in Notsituationen klare Entscheidungen zu treffen. Nervlich labile Menschen können es prophylaktisch nehmen, um mehr Geistesgegenwart zu bekommen. Mögliche Ergänzungsmittel: *Aspen, Cerato, Impatiens, Larch, Mimulus, Wild Oat.*

### Nr. 26/29 Rock Rose - Star of Bethlehem
*Psychische Erschütterung mit Panik*
Für Menschen, die durch ein schreckliches Erlebnis in Panik geraten sind.
Dieses Mittel ist Bestandteil des Notfall-Mittels *(Rescue Remedy)*. Es kann sie gelassener und geistesgegenwärtiger machen. Mögliche Ergänzungsmittel: *Aspen, Cherry Plum, Clematis, Gentian, Impatiens, Larch, Mimulus, Walnut.*

### Nr. 26/30 Rock Rose - Sweet Chestnut
*Verzweiflung aus panischer Angst*
Für Menschen, die von so starker panischer Angst besessen sind, dass ihre Psyche blockiert wird und sie in eine ausweglose Verzweiflung verfallen. Sie sind weder zu klaren Gedanken noch Gefühlen imstande und wissen nicht mehr ein noch aus.
Dieses Mittel ist für seltene Notfälle bestimmt. Es kann die Blockade lösen und hilft, eine Perspektive zum Weiterleben zu finden. Mögliche Ergänzungsmittel: *Aspen, Elm, Wild Oat.*

### Nr. 27/32 Rock Water - Vine
*Die strenge Persönlichkeit*
Für Menschen, die nicht nur anderen, sondern auch sich selbst gegenüber intolerant sind. Ausnahmen zu machen, fällt ihnen schwer; sie bemühen sich um eine strenge Selbstdisziplin und erwarten von ihren Mitmenschen, dass diese sich genau an ihre Vorschriften halten.
Dieses Mittel kann sie großzügiger, nachsichtiger und beweglicher machen. Mögliche Ergänzungsmittel: *Beech, Crab Apple, Holly, Mimulus, Oak, Pine, Star of Bethlehem, Willow.*

### Nr. 27/34 Rock Water - Water Violet
*Weltflucht und Selbstkasteiung*
Für Menschen mit einem übertriebenen Hang zu Alleinsein und Disziplin. Sie meinen, wenn sie sich wenig gönnen und viel abverlangen — wozu auch der Verzicht auf menschliche Kontakte gehört —, würde ihr menschlicher Wert steigen. Dadurch werden sie ungenießbar und einsam.
Dieses Mittel kann sie kontaktfreudiger, lockerer und fröhlicher machen. Mögliche Ergänzungsmittel: *Crab Apple, Oak, Pine, Vine.*

### Nr. 27/36 Rock Water - Wild Oat
*Selbstkasteiung als Ersatz für Lebenssinn*
Für Menschen, die die Frustration über die Sinnlosigkeit ihres Lebens durch Selbstdisziplin zu bekämpfen versuchen. Sie sind streng zu sich in der falschen Hoffnung, dadurch ihrem Leben mehr Wert geben oder ihre Berufung finden zu können.
Dieses Mittel kann ihre asketischen Zwänge abbauen und ihnen die Augen für ein sinnvolleres Leben öffnen. Es muss lange Zeit genommen werden. Mögliche Ergänzungsmittel: *Crab Apple, Pine, Vine, Walnut.*

### Nr. 28/36 Scleranthus - Wild Oat
*Innere Zerrissenheit und Lebenskrise*
Für Menschen, die völlig »in der Luft hängen«. Weder wissen sie, wie es allgemein in ihrem Leben weitergehen soll, noch können sie in ihrem alltäglichen Leben klare Entscheidungen treffen. Das ist sehr quälend für sie, weil sie irgendwie weiterkommen wollen.
Dieses Mittel hilft ihnen, ein sinnvolles Ziel im Leben zu finden und es konsequent anzusteuern. Es wird oft von Jugendlichen benötigt, die sich für einen bestimmten Lebensweg entscheiden müssen und nicht wissen, worin ihre Bestimmung liegt, aber auch für Menschen in der »midlife-crisis«, die zwar fühlen, dass sie ein neues Leben beginnen müssen, aber nicht den richtigen Ansatzpunkt und Absprung aus ihren Gewohnheiten finden. Mögliche Ergänzungsmittel: *Cerato, Gentian, Larch, Mimulus, Star of Bethlehem, Walnut.*

### Nr. 29/30 Star of Bethlehem - Sweet Chestnut
*Verzweiflung durch seelische Erschütterung*
Für Menschen, die durch ein erschütterndes Ereignis so sehr aus dem Gleis geworfen sind, dass das Leben für sie seinen Sinn verloren hat und sie nicht mehr weiter wissen.
Dieses Mittel kann ihre innere Erstarrung lösen und sie fähig machen, den Schicksalsschlag positiv zu verarbeiten. Es ist für extreme Notsituationen geeignet. Mögliche Ergänzungsmittel: *Aspen, Oak, Rock Rose, Walnut.*

### Nr. 29/33 Star of Bethlehem - Walnut
*Mangelnde Widerstandskraft durch unverarbeitetes Trauma*
Für Menschen, die nicht genügend Abwehrkraft gegen seelische Belastungen haben oder die durch eine seelische Überbelastung so angeschlagen sind, dass sie negativen Einflüssen keinen Widerstand mehr bieten können.
Dieses Mittel kann auf zweierlei Weise helfen: einerseits durch Stärkung der seelischen Widerstandskraft, andererseits durch Abbau der seelischen Belastung. Es ist nützlich, wenn man durch ein traumatisches Erlebnis aus der Bahn geworfen wurde und einen Neubeginn wünscht. Mögliche Ergänzungsmittel: *Centaury, Cerato, Gentian, Hornbeam, Larch, Olive, Wild Oat.*

### Nr. 29/34 Star of Bethlehem - Water Violet
*Kontaktstörungen durch seelische Erschütterung*
Für Menschen, die im menschlichen Umgang so viel Erschütterndes oder Unerfreuliches erlebt haben, dass sie keine Kontakte mehr wünschen. Sie machen wie geprügelte Hunde einen weiten Bogen um ihre Mitmenschen und werden dabei sehr einsam.
Dieses Mittel hilft ihnen, die negativen Erlebnisse zu verarbeiten und wieder kontaktfreudiger zu werden. Mögliche Ergänzungsmittel: *Aspen, Gentian, Larch, Mimulus, Walnut, Willow.*

### Nr. 29/35 Star of Bethlehem - White Chestnut
*Traumatische Zwangsgedanken*
Für Menschen, deren Denken unaufhörlich um ein erschütterndes Erlebnis oder eine unglückliche Situation kreist. Sie sind daran gefesselt, weil sie keinen Sinn darin finden können.
Dieses Mittel kann ihnen mehr inneren Abstand zu ihrem Problem geben, so dass sie es entweder lösen oder beiseite schieben können. Mögliche Ergänzungsmittel: *Aspen, Crab Apple, Impatiens, Mimulus, Pine, Oak, Vine.*

### Nr. 29/37 Star of Bethlehem - Wild Rose
*Resignation durch seelische Erschütterung*
Für Menschen, die von einem schrecklichen Ereignis so sehr erschüttert worden sind, dass sie das Interesse am Leben verloren haben. Sie gleichen einem beschädigten Gegenstand, der seinen Sinn verloren hat und nur noch in der Ecke herumliegt.
Dieses Mittel kann ihre innere Verletzung heilen und sie ins Leben zurückführen. Es muss lange genommen werden. Mögliche Ergänzungsmittel: *Centaury, Gentian, Honeysuckle, Larch, Wild Oat.*

### Nr. 29/38 Star of Bethlehem - Willow
*Verbitterung durch unverarbeitetes Trauma*
Für Menschen, die aufgrund eines erschütternden Erlebnisses verbittert sind oder mit dem Schicksal hadern.
Dieses Mittel kann die seelische Wunde heilen und sie versöhnlich stimmen. Mögliche Ergänzungsmittel: *Clematis, Crab Apple, Holly, Honeysuckle, Vine, Wild Rose.*

### Nr. 31/32 Vervain - Vine
*Total intolerantes Verhalten*
Für Menschen, die absolut von der Richtigkeit ihrer Meinung oder Erkenntnis überzeugt sind und es für unerlässlich halten, dass die Menschen, mit denen sie zu tun haben, sie übernehmen und sich danach verhalten. Dies auf irgendeine Weise durchzusetzen — sei es durch Überredung, sei es durch Zwang — halten sie für ihre Aufgabe und Pflicht. Mit ihrer aktiv praktizierten Intoleranz machen sie allen das Leben schwer.
Dieses Mittel macht es ihnen leichter, andere Meinungen gelten und die Menschen nach ihrer eigenen Art leben zu lassen. Mögliche Ergänzungsmittel: *Crab Apple, Oak, Rock Water, White Chestnut.*

### Nr. 31/35 Vervain - White Chestnut
*Fixe Ideen*
Für Menschen, die nur ihre Überzeugungen oder Ideen im Kopf haben und diese anderen Menschen aufzudrängen versuchen. Ob in der Gestalt der fanatischen Weltverbesserer oder der verbohrten Philosophen — sie sind für sich und andere eine Last.
Dieses Mittel kann sie vom Zwang ihrer fixen Ideen befreien, so dass sie wieder ein normales Leben führen können. Mögliche Ergänzungsmittel: *Cherry Plum, Crab Apple, Holly, Impatiens, Oak, Rock Water, Vine.*

### Nr. 32/35 Vine - White Chestnut
*Zwanghafter Dogmatismus*
Für Menschen, deren Denken ganz von einer bestimmten Idee oder Überzeugung besetzt ist. Dadurch werden sie einseitig, intolerant und oft fanatisch.
Dieses Mittel kann sie aus dem geistigen Zwang befreien, sie aufgeschlossener und toleranter machen. Mögliche Ergänzungsmittel: *Crab Apple, Oak, Pine, Rock Water, Vervain.*

### Nr. 32/38 Vine - Willow
*Der verbitterte Haustyrann*
Für Menschen, die deswegen verbittert oder beleidigt sind, weil etwas nicht genauso getan wurde, wie sie es wollten.

Dieses Mittel kann sie flexibler und kompromissbereiter machen, so dass sie ihre beleidigte Haltung wieder aufgeben können. Mögliche Ergänzungsmittel: *Beech, Crab Apple, Imz8ujk,patiens, Oak, Vervain.*

### Nr. 33/36 Walnut - Wild Oat
*Verfehltes Lebensziel*
Für Menschen, die nicht wissen, was sie wollen, und sich in Lebenssituationen drängen lassen, die ihnen nicht liegen. Weil sie den Einflüssen anderer Menschen nicht genügend Widerstand entgegensetzen können, geraten sie, ohne es zu wollen, zum Beispiel in eine schlechte Ehe, einen frustrierenden Beruf oder eine unerfreuliche Position, und werden dabei natürlich unglücklich. Dies umso mehr, als sie sich sehnlich ein sinnvolles, glückliches Leben wünschen.
Dieses Mittel kann ihnen nicht nur eine gewisse Klarheit für den eigenen Lebensweg geben, sondern auch die Überzeugung und Widerstandskraft, ihn zu gehen. Es wird benötigt, wenn man sich aus einer schlechten Lebenssituation befreien und ein neues Leben beginnen will. Es muss oft monatelang genommen werden, weil solche Veränderungen nur in kleinen Schritten erfolgen können. Mögliche Ergänzungsmittel: *Agrimony, Centaury, Cerato, Gentian, Hornbeam, Larch, Mimulus, Scleranthus, Star of Bethlehem.*

### Nr. 34/38 Water Violet - Willow
*Verbitterung wegen Freiheitsbeschränkung*
Für Menschen, die ein sehr starkes Bedürfnis nach Unabhängigkeit haben und deswegen verbittert sind, weil sie darin beschnitten werden oder wurden. Ohne Freiheit sind sie zu keiner Versöhnung bereit.
Dieses Mittel kann entweder ein unrealistisches Freiheitsbedürfnis normalisieren oder helfen, sich mit unvermeidbaren Abhängigkeiten realistisch abzufinden. Mögliche Ergänzungsmittel: *Gentian, Holly, Honeysuckle, Star of Bethlehem, Walnut.*

### Nr. 35/38 White Chestnut - Willow
*Verbittertes Zwangsdenken*
Für Menschen, deren Denken nur noch voll Verbitterung um ein erlittenes Unrecht kreist. Sie sind dadurch geistig ganz blockiert.
Dieses Mittel kann sie versöhnlich stimmen und ihre Aufmerksamkeit auf erfreulichere Dinge lenken. Mögliche Ergänzungsmittel: *Crab Apple, Chicory, Holly, Honeysuckle, Pine, Rock Water, Star of Bethlehem, Vine, Walnut.*

### Nr. 36/37 Wild Rose - Wild Oat
*Antriebslosigkeit aus Sinnlosigkeit*
Für Menschen, die nicht wissen, was sie mit ihrem Leben anfangen sollen und sich deshalb resigniert treiben lassen. Zwar haben sie dieses und jenes versucht,

aber da nichts geeignet war, um ihre Zukunft aufzubauen oder daraus einen Lebenssinn zu beziehen, haben sie schließlich die Lust und das Interesse daran verloren.

Dieses Mittel kann ihre Apathie oder Resignation abbauen und ihnen bei wiedererwachendem Lebensinteresse die Augen für den Weg öffnen, der für sie richtig ist. Es muss lange genommen werden. Mögliche Ergänzungsmittel: *Centaury, Gentian, Hornbeam, Honeysuckle, Larch, Olive.*

# Bach-Blüten für Beziehungs-Probleme

Neben der Beziehung zu uns selbst und zu unserer Arbeit sind es vor allem die Beziehungen zur Umwelt und zu anderen Menschen, von denen entscheidend unser Wohlergehen abhängt.

Schon vom frühesten Zeitpunkt unserer Existenz - also bereits im Mutterleib - treten wir in Kontakt zu jenen Menschen, die uns nah sind und auf deren Wohlwollen bzw. Liebe wir angewiesen sind, um zu überleben. Hauptsächlich ist dies natürlich die Mutter, die damit, wie auch unsere anderen Bezugspersonen, zu einem lebensbestimmenden Faktor in unserer Psyche wird.

Denn bei der Gestaltung unseres Lebens orientieren wir uns an unseren Erfahrungen mit der Welt: je nachdem, ob wir Liebe oder Ablehnung erfahren, ob wir gefördert oder unterdrückt werden, ob wir uns verstanden oder missverstanden fühlen, gehen wir vertrauensvoll und optimistisch oder misstrauisch und pessimistisch auf sie zu. Und schließlich wird daraus unsere Biographie.

Natürlich können wir nicht nur Verständnis und Entgegenkommen erwarten, denn unsere Welt ist ja gut und schlecht zugleich (wobei wir als gut das bezeichnen, was uns gut tut, und dementsprechend als schlecht, was uns nicht gut tut), und die Menschen kommen uns einmal freundlich und ein andermal feindlich entgegen, je nachdem, ob wir ihnen gut tun oder nicht. Hell und Dunkel, Freund und Feind, Freude und Leid - dies sind die Fäden, aus denen das Schicksal unser Leben webt, und wie hell oder dunkel das Ergebnis auch sein mag, so liegt doch immer ein Sinn darin.

Da aber das biologische Leben in uns nur auf Freude und Wohlbefinden eingestellt ist und niemals freiwillig verzichtet, sondern immer und unter allen Umständen das Bestmögliche herausholt, sind wir in unserer Eigenschaft als animalische, fühlende Wesen ebenfalls darauf eingestellt, es uns so gut wie möglich gehen zu lassen - d.h. uns zu nehmen, was wir brauchen, und auch unsere zwischenmenschlichen Kontakte nach dem Prinzip „Wenn du mir gut tust, liebe ich dich" zu gestalten, was nicht nur bedeutet, dass wir uns zu jenen Menschen hingezogen fühlen, die gut zu uns sind, sondern uns auch selbst so zu verhalten bemühen, dass die anderen uns mögen.

Selbst, wenn diese uns feindlich entgegenkommen, versuchen wir zunächst, eine positive Beziehung aufzunehmen - allerdings nur bis zu einem gewissen Toleranz-Punkt, der bei jedem Menschen an anderer Stelle liegt. Wird dieser Punkt überschritten, gehen wir zu feindlichem Verhalten über und versuchen, wie es in der ganzen Natur üblich ist, unseren Feind zu vertreiben oder zu besiegen. Dieses einfache Prinzip finden wir in allen menschlichen Beziehungen, natürlich auch in der Partnerschaft. Allerdings ist hier die Toleranz und die Bereitschaft zum Entgegenkommen besonders groß, weil man sich einerseits nahekommen will und andererseits wegen dieser Nähe unter Konflikten besonders leidet.

Viele Konflikte sind aber nicht objektiv begründet, sondern das Ergebnis von Missverständnissen und schlechten Erfahrungen, die die Toleranzschwelle herabgesetzt haben. Viele menschliche Tragödien ließen sich vermeiden, wenn die Beteiligten zu gesünderen und harmonischeren Beziehungen fähig wären.

Dies kann man mit liebevoller Erziehung, Aufklärung und Psychotherapie fördern und vor allem auch mit der Bach-Blüten-Therapie erreichen, die in der Lage ist, psychische Knoten zu entwirren, Neurosen zu entschärfen, innere Konflikte zu lösen und den Charakter zu harmonisieren. In der folgenden Aufstellung finden Sie die wichtigsten Bach-Blüten für die Sanierung von Beziehungen beschrieben. Die Bezeichnung "Partner/in" ist nicht nur für die Liebesbeziehung gemeint, sondern auch für jede andere menschliche Beziehung - z. B. zu Familienangehörigen, Freunden, Arbeits-kollegen etc.

## AGRIMONY

*Problem:* **Unehrlichkeit**

Aufgrund übertriebener Scheu vor Unangenehmem und Angst vor Konflikten ist man nicht ehrlich und offen gegenüber dem/der Partner/in, weil man mögliche unerfreuliche Reaktionen fürchtet. Man ist in der Partnerschaft unverbindlich, künstlich, verkrampft oder unehrlich. Innerlich leidet man vielleicht sehr unter der Situation, zeigt es aber dem/der Partner/ in nicht. Man teilt sich nicht mit, was man empfindet, man weicht Auseinandersetzungen und Problemen zu sehr aus und verhindert dadurch nicht nur eine gute und ungezwungene Verständigung sondern auch eine Problemlösung.

*Lösung:* **Ehrlichkeit, Offenheit**

Agrimony ist ein besonders wichtiges Beziehungsmittel. Es stärkt das Bedürfnis nach mehr Wahrheit und macht fähig, diese auch zu ertragen. Man wird offener und natürlicher, man beginnt, sich so zeigen, wie man eigentlich ist, man verbirgt nicht mehr so viel vor dem/der Partner/in, man lässt sich auch auf unangenehme Gespräche, Auseinandersetzungen oder Situationen ein. Die Beziehung wird lebendiger, und es ergibt sich die Möglichkeit, die verdrängten Probleme zu lösen.

## BEECH

*Problem:* **Abneigung, Unverträglichkeit**

Aufgrund übertriebener Vorurteile, Abneigungen und Intoleranzen lehnt man entweder bestimmte Menschen oder bestimmte Eigenschaften des/der Partners/ in spontan ab. Man nörgelt oder kritisiert zu viel herum.

*Lösung:* **Akzeptanz, Toleranz**

Beech macht insgesamt toleranter und verständnisvoller, so dass man weniger kritisiert und nicht mehr so viel ablehnt. Man kann den/die Partner/in oder bestimmte Eigenarten von ihm/ihr besser vertragen.

## CENTAURY
*Problem:* **Gehorsam, Unterwerfung**

Autoritätsangst, ungenügendes Bewusstsein der eigenen Rechte und Selbstbehauptungsschwäche führen dazu, dass man zu nachgiebig ist oder sich dem/der Partner/in zu sehr unterwirft. Man lässt sich ausnützen, erpressen oder schlecht behandeln und kann in die Aschenputtel-Rolle geraten. Eine faire Beziehung, in der sich alle Partner optimal verwirklichen können, wird dadurch unmöglich.

*Lösung:* **Selbstbehauptung, Bewusstwerdung der eigenen Rechte**

Centaury gibt mehr "inneres Rückgrat". Man lässt sich nicht mehr alles gefallen, verliert die Angst vor autoritärem Gehabe, man kann seinen Standpunkt vertreten und seine persönlichen Rechte besser wahren (ohne aber dabei rücksichtslos oder egoistisch zu werden). Dadurch kann sich eine Beziehung entwickeln, in der niemand zu viel von sich aufgibt und die allen Beteiligten zufriedenstellende Entfaltungsmöglichkeiten bietet.

## CHICORY
*Problem:* **Besitzergreifende Überfürsorge**

Durch zu starke und besitzergreifende Fürsorge macht man den/die Partner/in abhängig und hilfsbedürftig. Man versucht mehr oder weniger unbewusst -, ihn/sie dadurch an sich zu binden, und verpflichtet ihn/sie zu Dank für geleistete Hilfe oder Geschenke. Dadurch macht man die Beziehung zu einer Art Gefängnis für ihn/sie.

*Lösung:* **Freilassende Hilfe**

Chicory hilft, den/die Partner/in freier zu lassen. Man hört auf, ihn/sie sich durch Hilfe oder Wohltaten zu Dank oder Anhänglichkeit zu verpflichten, so dass sich eine Beziehung entwickeln kann, die auf Freiwilligkeit statt auf Zwang beruht. Vielleicht wird die Beziehung dadurch lockerer, jedenfalls aber besser und stimmiger.

## HEATHER
*Problem:* **Kontakt- Geltungs- und Liebesbedürfnis**

Man leidet unter einem übertriebenen Geselligkeits- und Geltungsbedürfnis. Deshalb kann man nicht allein sein, braucht immer jemanden um sich herum oder will dauernd Anerkennung, Bestätigung, Lob, Schmeichelei oder "Streicheleinheiten". Man ist zu egozentrisch und spricht am liebsten von sich selbst, um auf sich aufmerksam zu machen oder sich in ein gutes Licht zu stellen. - Eventuell leidet man im Falle einer Trennung sehr darunter, dass man nicht in Frieden und Freundschaft aus der Beziehung entlassen wird - man möchte doch von jedermann akzeptiert werden und kann keine Feindschaft ertragen.

*Lösung:* **Selbstbewusstsein, Unabhängigkeit**

Mit Hilfe von Heather wird man angenehmer und kann sich selbst mehr zurücknehmen. Man lässt auch den/die Partner/in zu Wort kommen und kann seinen/ihren Wert besser anerkennen, statt immer nur an den eigenen zu denken. - Im Falle einer Trennung lässt man sich nicht durch Ablehnung fertigmachen.

## HOLLY
*Problem:* **Unfreundlichkeit**

Man ist entweder momentan unfreundlich, ungenießbar oder wütend, oder man ärgert sich allgemein zu schnell und reagiert gereizt oder unfreundlich.

*Lösung:* **Freundlichkeit**

Holly hilft, wieder freundlicher und umgänglicher zu werden. Man ärgert sich auch allgemein nicht mehr so oft.

## LARCH
*Problem:* **Minderwertigkeitsgefühl**

Aufgrund von Minderwertigkeitsgefühlen meint man, man sei dem/der Partner/in unterlegen und kann mit ihm/ihr nicht unbefangen umgehen. Vielleicht lässt man sich auch von dem/der Partner/in bevormunden.

*Lösung:* **Mehr Selbstwertgefühl, Selbstbewusstsein**

Man wird sich seines eigenen Wertes, seiner Fähigkeiten und Qualitäten bewusster und kann dadurch einerseits dem/der Partner/in gleichberechtigt begegnen und sich andererseits in der Beziehung besser verwirklichen.

## PINE
*Problem:* **Schuldgefühle, Moralzwang**

Man hat eine starke Neigung zu Schuldgefühlen und zwanghafter Moral. Dadurch kann man dem/der Partner/in nicht frei und selbstverantwortlich begegnen, sondern fühlt sich zu oft oder zu schnell von ihm/ihr verurteilt. Man bekommt sogleich ein schlechtes Gewissen, wenn der/die Partner/in einem Vorwürfe macht, bzw. man verleitet ihn/sie geradezu durch die schuldbewusste Haltung dazu. Man ist evtl. sexuell gehemmt, weil man die Sexualität irgendwie für sündig oder unmoralisch hält. - Im Falle einer selbst veranlassten Trennung leidet man sehr unter Schuldgefühlen.

*Lösung:* **Innere Freiheit, Selbstverantwortung**

Pine baut zwanghafte Moral und übertriebene Skrupel ab, so dass man freier und selbstverantwortlicher mit dem/der Partner/in umgehen kann und sich auch keine Vorwürfe mehr machen lässt. Dadurch entsteht entweder eine gleichberechtigte Beziehung, in der die Partner ihr eigenes Wesen verwirklichen können, oder man wird innerlich so frei, dass man sich ohne Schuldgefühle aus einer unguten Beziehung lösen kann. Auch die sexuelle Beziehung wird ungezwungener. - Im Falle einer unumgänglichen Trennung hat man kein schlechtes Gewissen mehr, sondern erkennt, dass man das Recht auf ein besseres Leben hat.

## RED CHESTNUT

*Problem:* **Sorge, Mitleid**

Man sorgt sich zu sehr um den/die Partner/in und geht ihm/ihr damit auf die Nerven. Diese Haltung kann die Beziehung insgesamt sehr belasten. Oder man empfindet zu viel Mitleid mit dem/der Partner/in, so dass man sich in dessen Leiden hineinziehen lässt und selbst davon "angesteckt" oder krank wird.

*Lösung:* **Mitgefühl, Schicksalsvertrauen**

Red Chestnut macht fähig, sich nicht in fremdes Leiden hineinziehen zu lassen. Man bleibt mitfühlend, kann sich aber zugleich seines Lebens erfreuen. So ist man in der Lage dem/der Partner/in in Not und Leid beizustehen bzw. ihn/sie vertrauensvoll seinem/ihrem eigenen Schicksal zu überlassen. Die Beziehung wird dadurch für alle Beteiligten segensreich.

## VERVAIN

*Problem:* **Einmischung, Aufdringlichkeit**

Man versucht in bester Absicht ständig oder oft, bei dem/der Partner/in etwas zu verbessern, z.B. in Form von ungebetenen Ratschlägen oder Hilfsaktionen, oder ihn/sie auf einen anderen - vermeintlich besseren Weg zu bringen. Weil man sich dabei nicht vergewissert, ob der/die Partner/in dies auch will, sondern ihn/sie einfach überfährt, erzeugt man Widerstände und wird evtl. als aufdringlich und intolerant empfunden. Dadurch können Verstimmungen und Konflikte entstehen.

*Lösung:* **Gutes Augenmaß, Zurückhaltung.**

Unter dem Einfluss von Vervain kann man sich mehr zurücknehmen und den/die Partner/in so sein lassen, wie er/sie will, und ihn/sie tun lassen, was er/sie für richtig hält. Verbesserungsvorschläge macht man nur noch auf Wunsch.

## VINE

*Problem:* **Intoleranz, Herrschsucht**

Man ist intolerant oder dogmatisch im Umgang mit dem/der Partner/in. Man kann keine fremde Meinung oder Widerspruch vertragen und will immer seinen eigenen Willen durchsetzen. Man versucht den/die Partner/in entsprechend den eigenen Vorstellungen zu ändern oder zu beherrschen und schreckt dabei auch vor - subtiler oder direkter - Gewalt nicht zurück.

*Lösung:* **Toleranz, Respekt**

Vine macht fähig, auch andere Meinungen, Vorlieben oder Lebensweisen zu tolerieren. Die Beziehung wird besser, weil sich auch der/die Partner/in in ihr verwirklichen kann, statt immer nur zu gehorchen.

## WATER VIOLET

*Problem:* **Einzelgängerei, Bindungsangst, asoziales Verhalten**

Aufgrund eines starken Bedürfnisses nach Unabhängigkeit oder Distanz lässt man sich nicht genug auf die Beziehung ein, hält sich zurück, hat Bindungsängste, geht seine eigenen Wege oder zieht sich zurück.

*Lösung:* **Kontaktfähigkeit, Geselligkeit**

Water Violet fördert die Bereitschaft, sich auf Kontakt und Nähe einzulassen, so dass man seine Bindungsängste verliert und die Beziehung enger und inniger wird. Water Violet kann u. U. eine sich auflösende Beziehung retten helfen.

## WILLOW

*Problem:* **Enttäuschte Erwartungen, Vorwurfshaltung, Unversöhnlichkeit**

Man ist momentan sauer, enttäuscht, verbittert, beleidigt oder unversöhnlich oder man neigt dazu, schnell in dieser Weise zu reagieren, wenn man nicht bekommt, was man erwartet oder will. Man macht dem/der **Partner/in** Vorwürfe, weil man ihn/sie klein kriegen will (und dies tut man urnso schneller, je mehr der/die Partner/in daraufhin ein schlechtes Gewissen bekommt).

*Lösung:* **Verzeihung, Akzeptanz**

Willow ist das Versöhnungsmittel. Es fördert nicht nur die Bereitschaft, den/die Partner/in zu verstehen und ihm/r zu verzeihen, sondern baut auch die Tendenz ab, sich ungerecht oder schlecht behandelt zu fühlen. Die Beziehung verliert ihren feindlichen Charakter, weil man bereit ist, sich freundschaftlich zu begegnen, statt Forderungen zu stellen.

# Dr. Blome

# FLORIPLEXE ©

Diese speziellen Mischungen aus Bach-Blütenessenzen sind das Ergebnis jahrzehntelanger ärztlicher Arbeit mit Blütenessenzen. Sie wurden für Menschen entwickelt, die ihre Lebenssituation verbessern wollen oder mit ihrer Persönlichkeitsentwicklung nicht zufrieden sind.

**FLORIPLEXE** sind keine Arzneimittel und haben auch keinerlei medizinische Indikationen. Sie bestehen aus einer besonderen Kombination von original englischen Blütenessenzen. Sie werden zur Hälfte aus den unverdünnten Mitteln und zur anderen Hälfte aus einem sogenannten „Potenzakkord" der jeweiligen Blütenessenzen (D6, D12, C3 - nach dem homöopathischen Prinzip zubereitet) angefertigt und zusätzlich mit positiven Schwingungen dynamisiert. Außerdem wird bei jedem **FLORIPLEX** die ihm zugrundeliegende Botschaft (zum Beispiel „Versöhnlichkeit" oder „Neubeginn") nach dem Prinzip von Masaro Emoto aktiviert.

Übrigens werden solche Blütenessenz-Mischungen In fast allen europäischen Ländern als Nahrungsergänzungsmittel anerkannt; in Deutschland gelten Bach-Blüten lt. Urteil des OLG Hamburg (2008) als Lebensmittel. Man könnte Blütenessenzen aber auch als „Vitamine für die Seele" betrachten, die dem Organismus – auf seiner obersten, geistig-seelischen Funktionsebene jene positiven Impulse geben können, die er zu einer guten und gesunden Funktion benötigt. Solche Einflüsse und Wirkungen haben eine große Bedeutung in unserem Leben. Harmonische Musik, freundliche Worte, schöne Bilder, positive Gedanken und viele, mit unseren normalen Sinnen nicht wahr-nehmbare elektro-magnetische Schwingungen können uns nachhaltig beeinflussen. Das kennen wir z.B. von Sonne und Mond, von bestimmten Wetterveränderungen und auch der Homöopathie. Auf alle diese subtilen Einflüsse reagiert u.a. unser Gehirn, indem es Impulse zu bestimmten Organen und Zellen, u.a. den Hormondrüsen, sendet, deren Funktion sich daraufhin normalisiert. Die offizielle Medizinwissenschaft sperrt sich (aus unwissenschaftlichen Gründen) zur Zeit noch gegen diese Erkenntnisse und hält Blütenessenzen, Wettereinflüsse, bioelektronische Impulse usw., ja sogar die seit Jahrhunderten bewährte Homöopathie, immer noch für Phantasieprodukte.

Meine langjährigen Erfahrungen mit den **FLORIPLEXEN** haben mir gezeigt, dass sie unter geeigneten Umständen die von mir erwähnten Wirkungen haben *können*. Diese dürfen jedoch mangels wissenschaftlicher Beweise und Anerkennung (für die riesige, unerschwinglich kostspielige Studien und/oder Tierversuche erforderlich wären) nicht offiziell auf den Präparaten angegeben werden. Insofern sind die auf den folgenden Seiten erwähnten, möglichen Effekte lediglich als Ausdruck *meiner persönlichen Meinung* und nicht als Wirkungsversprechen zu verstehen.

Es steht Ihnen aber frei, eigenverantwortlich auszuprobieren, ob die **FLORIPLEXE** auch Sie dabei unterstützen können, Ihre persönlichen, positiven Eigenschaften weiter zu entwickeln und zu seelischer Ausgeglichenheit sowie innerem Frieden – mit all ihren, auch für den Körper, wohltuenden Folgen - zu finden. Dieser Meinung waren offensichtlich bisher viele tausend begeisterte Anwender, die meiner anerkannten Kompetenz in Bezug auf Blütenessenzen und Lebenssanierung vertrauen.

Falls Sie sehr kritisch und „wissenschaftlich" eingestellt sind, können Sie die eventuellen positiven Wirkungen ja einfach, wie in der offiziellen Medizin üblich, als „Placebo-Effekte" abtun.

*Dr. med. Götz Blome*
(Weitere Informationen: <u>www.dr-blome.de</u>)

## Bezugsmöglichkeit:

Mithras-Apotheke 79359 Riegel
Tel. 07642 - 923 282, Fax 07642 - 923 280,
mithras-apo@gmx.de     www.mithras-shop.de

*Dort gibt es auch einen Floriplex-Testsatz.*

---

Wählen Sie 1 - 2 (evtl. auch 3) Floriplexe, von denen Sie sich angesprochen fühlen und nehmen Sie
- täglich 1 – 2 x 5 Tropfen auf die Zunge oder
- 5 – 10 Tropfen in einem Glas Wasser zusammengemischt, das Sie im Lauf des Tages austrinken,.
- In besonders dringlichen Situationen stündlich 5 Tropfen auf die Zunge.

# FLORIPLEX Nr.1

*Entgegenkommen*

**Blütenessenzmischung für mehr *Fairness* bei *autoritärem* Verhalten.**

*Probieren Sie Floriplex 1, wenn Sie anderen Menschen gegenüber toleranter, nachgiebiger und großzügiger werden wollen (oder sollen). Denn Sie neigen dazu, andere herumzukommandieren, oder Sie sind zu streng, rechthaberisch oder intolerant, oder Sie ärgern sich meistens, wenn man Ihnen widerspricht.*

Einsatzbeispiele: Strenge Erzieher und Vorgesetzte, Haustyrannen, diktatorische Menschen • "Machoverhalten" • Herrische Menschen, die anderen zu wenig Entfaltungsspielraum gewähren • Man ist zu anderen zu streng oder verlangt zu viel (z.B. von den Kindern, dem Ehepartner, den Angestellten).
*Befragen Sie hierzu auch Ihre Angehörigen und Freunde.*

Zusammensetzung: Englische Blütenessenzen (Beech, Holly, Impatiens, Oak, Rock Water, Vervain, Vine, Willow von Healing Herbs) in Originalstärke sowie in den Potenzen D6, D12, C3 – *zusätzlich durch spezielle positive Schwingungen aktiviert.*

# FLORIPLEX Nr.2

*Gutes Gewissen*

**Blütenessenzmischung für *innere Freiheit und gutes Gewissen*.**

*Probieren Sie Floriplex 2, wenn Sie innerlich freier und unabhängiger von moralischen Zwängen oder quälenden Schuldgefühlen werden wollen. Denn Sie trauen sich aus Furcht vor Kritik oder Verurteilung oft nicht, sich so zu geben, wie Sie eigentlich sind, bzw. so zu handeln, wie sie eigentlich wollen, oder Sie bemühen sich immer zwanghaft, besonders "anständig" zu sein.*

Einsatzbeispiele: Schuldgefühle und schlechtes Gewissen • Selbstverurteilung • Innerer Zwang, sich dauernd zu entschuldigen oder sich verantwortlich zu fühlen • Man schämt sich schnell und zu oft • Sexuelle Verklemmung • Man sehnt sich danach, innerlich frei und selbstverantwortlich zu leben.
*Befragen Sie hierzu auch Ihre Angehörigen und Freunde.*

Zusammensetzung: Englische Blütenessenzen (Agrimony, Centaury, Crab Apple, Larch, Mimulus, Oak, Pine, Rock Water von Healing Herbs) in Originalstärke sowie in den Potenzen D6, D12, C3 – *zusätzlich durch spezielle positive Schwingungen aktiviert.*

**Blütenessenzmischung für *Freundlichkeit und Entspannung*.**

*Probieren Sie Floriplex 3, wenn Sie entspannter und freundlicher werden bzw. sich nicht mehr so oft ärgern und stressen wollen. Denn Sie sind oft gereizt oder wütend und ärgern sich schnell, wenn es nicht so läuft, wie Sie wollen, oder Sie geraten bei Problemen immer gleich unter Stress, oder Sie handeln oft zu aggressiv.*

Einsatzbeispiele: Hilfe gegen den täglichen Ärger • Für den gestressten oder „galligen" Menschen • Gereiztheit, Unfreundlichkeit, Reizbarkeit, aggressive Reaktionen aller Art • Man gerät immer zu schnell unter Stress, so dass man die täglichen Probleme nicht entspannt oder gut gelaunt lösen kann.
*Befragen Sie hierzu auch Ihre Angehörigen und Freunde.*

Zusammensetzung: Englische Blütenessenzen (Cherry Plum, Elm, Holly, Hornbeam, Impatiens, Oak, Rock Water, Vine, Willow von Healing Herbs) in Originalstärke sowie in den Potenzen D6, D12, C3 – *zusätzlich durch spezielle positive Schwingungen aktiviert.*

**Blütenessenzmischung für mehr *Gelassenheit und Geistesgegenwart*.**

*Probieren Sie Floriplex 4, wenn Sie in stressigen Situationen (z. B. Prüfungen) ruhiger, entspannter und kaltblütiger werden wollen. Denn Sie pflegen in Situationen, in denen Sie besondere Leistungen erbringen müssen, sehr aufgeregt zu werden, oder Sie verlieren bei Prüfungen Ihren klaren Kopf, oder Sie geraten schon bei kleinen Problemen schnell in Panik.*

Einsatzbeispiele: Lampenfieber • Starke Aufgeregtheit • Prüfungssituationen • „Leerer Kopf" oder Unfähigkeit, einen klaren Gedanken zu fassen • Man wird bei öffentlichen Auftritten (z.B. Musiker, Redner) immer sehr aufgeregt • Man kann in schwierigen Situationen nicht locker und "cool" bleiben.
*Befragen Sie hierzu auch Ihre Angehörigen und Freunde.*

Zusammensetzung: Englische Blütenessenzen (Agrimony, Cherry Plum, Hornbeam, Impatiens, Larch, Mimulus, Pine, Rock Rose, Sweet Chestnut, White Chestnut von Healing Herbs) in Originalstärke sowie in den Potenzen D6, D12, C3 – *zusätzlich durch spezielle positive Schwingungen aktiviert.*

**Blütenessenzmischung nach Dr. Blome für mehr *Sorgenfreiheit und Selbstliebe.***

*Probieren Sie Floriplex 5, um etwas mehr auch an das eigene Wohl denken und sich gegenüber fremden Leiden genügend abgrenzen zu können. Denn Sie neigen dazu, sich zu sehr für andere aufzuopfern, oder Sie nehmen sich die Probleme anderer Menschen so sehr zu Herzen, dass Sie sich selbst nicht mehr freuen oder sich ausreichend um sich selbst kümmern können.*

Einsatzbeispiele: Zu viele Sorgen um andere • Krank machendes Mitleid, übertriebene Selbstlosigkeit oder Selbstaufopferung • Unfähigkeit, andere Menschen vertrauensvoll ihrem Schicksal zu überlassen • Zu aufopfernde (d.h. selbstzerstörerische) Pflege kranker Angehöriger o.ä. Zu viel Verzicht zugunsten anderer.
*Befragen Sie hierzu auch Ihre Angehörigen und Freunde.*

Zusammensetzung: Englische Blütenessenzen (Aspen, Centaury, Chicory, Mimulus, Pine, Red Chestnut, Star of Bethlehem, Walnut von Healing Herbs) in Originalstärke sowie in den Potenzen D6, D12, C3 – *zusätzlich durch spezielle positive Schwingungen aktiviert.*

*Blütenessenzmischung für mehr Schicksals- oder Gottvertrauen.*

*Probieren Sie Floriplex 6, wenn Sie mehr Hoffnung und Vertrauen in Ihr Schicksal entwickeln wollen. Denn Sie fürchten insgeheim oft, dass etwas Schlimmes passieren könnte, oder Sie sorgen sich immer zu viel wegen der Zukunft, oder es fällt Ihnen schwer, Ihr Leben in die Hände des Schicksals oder Gottes zu legen.*

Einsatzbeispiele: Kritische Lebenssituationen oder Schicksalsschläge, in denen man sich verlassen und verloren fühlt • Zukunfts- und Lebensängste • Hoffnungslosigkeit • Zur Entwicklung eines echten und tragenden religiösen Gefühls • Zur Förderung einer vertrauensvollen und optimistischen Lebenseinstellung.
*Befragen Sie hierzu auch Ihre Angehörigen und Freunde.*

Zusammensetzung: Englische Blütenessenzen (Aspen, Gorse, Hornbeam, Mimulus, Red Chestnut , Rock Rose, Sweet Chestnut, Walnut von Healing Herbs) in Originalstärke sowie in den Potenzen D6, D12, C3 – *zusätzlich durch spezielle positive Schwingungen aktiviert.*

# FLORIPLEX Nr.7 *Kontaktfähigkeit*

**Blütenessenzmischung für *Kontaktfähigkeit und Kommunikations-bereitschaft.***

*Probieren Sie Floriplex 7, wenn Sie kontaktfreudiger und geselliger werden wollen. Denn Sie sind oft zu menschenscheu und zurückhaltend, oder Sie können nicht offen und spontan auf andere Menschen zugehen, oder Sie geraten durch Ihr zu ablehnendes oder schüchternes Verhalten ungewollt immer wieder in Isolation oder quälende Einsamkeit.*

Einsatzbeispiele: Kontaktprobleme mit Vereinsamung • Isolierung am Arbeitsplatz • Partnerschaftsprobleme • Schüchterne Außenseiter • Man will bei gesellschaftlichen Veranstaltungen oder in fremder Umgebung kontaktfähiger sein und sich besser einbringen können.
*Befragen Sie hierzu auch Ihre Angehörigen und Freunde.*

Zusammensetzung: Englische Blütenessenzen (Agrimony, Aspen, Larch, Mimulus, Pine, Rock Water, Star of Bethlehem, Water Violet von Healing Herbs) in Originalstärke sowie in den Potenzen D6, D12, C3 – *zusätzlich durch spezielle positive Schwingungen aktiviert.*


# FLORIPLEX Nr.8 *Denken*

**Blütenessenzmischung für bessere *Konzentration und Lernfähigkeit.***

*Probieren Sie Floriplex 8, wenn Sie Ihre Konzentrations-und Lernfähigkeit oder Ihr Gedächtnis verbessern wollen. Denn Sie können manchmal nicht so klar und scharf denken, wie Sie möchten, oder Sie sind oft unaufmerksam, vergesslich oder zerstreut, oder Sie haben oft nicht genügend Interesse für die alltägliche Realität.*

Einsatzbeispiele: Gedächtnis- bzw. Aufmerksamkeitsprobleme • Schusseligkeit. • Schulprobleme durch Unkonzentriertheit und Vergesslichkeit • Arbeiten (z.B. Prüfungen), die hohe Konzentration und Wachsamkeit erfordern • Der "zerstreute Professor".
*Befragen Sie hierzu auch Ihre Angehörigen und Freunde.*

Zusammensetzung: Englische Blütenessenzen (Chestnut Bud, Clematis, Impatiens, Larch, Scleranthus, White Chestnut, Wild Oat, Wild Rose von Healing Herbs) in Originalstärke sowie in den Potenzen D6, D12, C3 – *zusätzlich durch spezielle positive Schwingungen aktiviert.*

# FLORIPLEX Nr.9 *Kraft*

**Blütenessenzmischung für mehr *Kraft und Leistungswillen.***

*Probieren Sie Floriplex 9, wenn Sie leistungsfähiger und unternehmungslustiger werden wollen. Denn Sie fühlen sich oft abgespannt oder überfordert, oder Sie können sich oft nicht aufraffen, bestimmte Dinge zu erledigen, oder Sie empfinden Ihr Leben als mühsam oder zu schwer.*

Einsatzbeispiele: Arbeiten oder Aufgaben stressen schon im Voraus • Man hat das Gefühl, vor einem zu hohen Berg zu stehen und man fühlt sich überfordert • Allgemeine Abgespanntheit und Lustlosigkeit • Man "hängt" antriebslos "herum" • Man wäre gern unternehmungslustiger und einsatzfreudiger..
*Befragen Sie hierzu auch Ihre Angehörigen und Freunde.*

Zusammensetzung: Englische Blütenessenzen (Elm, Gentian, Hornbeam, Larch, Mustard, Olive, Star of Bethlehem, Wild Rose von Healing Herbs) in Originalstärke sowie in den Potenzen D6, D12, C3 – *zusätzlich durch spezielle positive Schwingungen aktiviert.*

# FLORIPLEX Nr.10 *Neubeginn*

**Blütenessenzmischung für *Loslassen und Neubeginn.***

*Probieren Sie Floriplex 10, um die Trauer nach einem Verlust oder einer Trennung besser überwinden zu können - oder um sich darauf vorzubereiten. Denn Sie sind sehr gefühlsbetont, neigen zu Heimweh und werden immer sehr traurig, wenn Sie etwas, das Ihnen viel bedeutet, verlieren oder aufgeben müssen, und Sie leiden unter jedem Abschied.*

Einsatzbeispiele:   Erleichterung der Trauerarbeit nach einem Verlust (evtl. mit Verbitterung, Hoffnungslosigkeit oder Vereinsamung) • Kinder, die unter Heimweh leiden (nach einem Umzug oder nach der Trennung der Eltern) • Neubeginn nach einem erzwungenen Ende.
*Befragen Sie hierzu auch Ihre Angehörigen und Freunde.*

Zusammensetzung: Englische Blütenessenzen (Chicory, Gorse, Heather, Honeysuckle , Mustard , Star of Bethlehem, Sweet Chestnut, Walnut, White Chestnut, Willow von Healing Herbs) in Originalstärke sowie in den Potenzen D6, D12, C3 – *zusätzlich durch spezielle positive Schwingungen aktiviert.*

# FLORIPLEX Nr.11

*Selbstvertrauen*

**Blütenessenzmischung für mehr** *Selbstbewusstsein und Selbstvertrauen.*

*Probieren Sie Floriplex 11, um selbstsicherer und selbstbewusster zu werden. Denn Sie haben zu wenig Selbstvertrauen, oder Sie fühlen sich anderen Menschen unterlegen, oder Sie sind zu schüchtern und bescheiden und halten sich immer im Hintergrund, oder Sie lassen sich oft unterdrücken oder ausnützen.*

Einsatzbeispiele: Ängstliche Schüchternheit und übertriebene Bescheidenheit • Minderwertigkeitskomplexe. • Der Verlierer-Typ • Menschen mit einer unterwürfigen Körperhaltung • Menschen, die sich zu wenig zutrauen • Man lässt sich ausnützen oder erpressen und ist ohne dringenden Grund zum Verzicht bereit.

*Befragen Sie hierzu auch Ihre Angehörigen und Freunde.*

Zusammensetzung: Englische Blütenessenzen (Centaury, Cerato, Gentian, Heather, Hornbeam, Larch, Mimulus, Pine, Star of Bethlehem, Walnut von Healing Herbs) in Originalstärke sowie in den Potenzen D6, D12, C3 – *zusätzlich durch spezielle positive Schwingungen aktiviert.* Alkoholgehalt: 30%.

# FLORIPLEX Nr.12

*Urvertrauen*

**Blütenessenzmischung für** *eine optimistischere Lebenseinstellung.*

*Probieren Sie Floriplex 12, wenn Sie optimistischer werden und mehr Freude empfinden wollen. Denn Sie neigen dazu, die Dinge oft zu kritisch oder negativ zu sehen, oder Sie haben ein eher schwermütiges Temperament, oder Sie betrachten das Leben immer mit Vorbehalt und Skepsis, oder Sie können sich nur selten richtig spontan freuen.*

Einsatzbeispiele: Niedergeschlagenheit • Man rechnet immer damit, dass alles schiefgeht • Wenn man krank ist, fürchtet man gleich das Schlimmste. • Man sieht oft nur die Schattenseite der Dinge • Man kann sich nicht an seinem Glück erfreuen, weil man immer auf das "dicke Ende" wartet • Man sagt: "Das Glas ist halb leer" statt "halb voll" • zu wenig Freude.

*Befragen Sie hierzu auch Ihre Angehörigen und Freunde.*

Zusammensetzung: Englische Blütenessenzen (Aspen, Gentian, Gorse, Holly, Hornbeam, Mustard, Rock Water, Wild Oat, Willow von Healing Herbs) in Originalstärke sowie in den Potenzen D6, D12, C3 – *zusätzlich durch spezielle positive Schwingungen aktiviert.* Alkoholgehalt: 30%.

# FLORIPLEX Nr.13

**Blütenessenzmischung für mehr *Geduld und innere Ruhe*.**

*Probieren Sie Floriplex 13, wenn Sie ruhiger, geduldiger oder ausgeglichener werden wollen. Denn Sie werden oft zu sehr von Ihren intensiven Gedanken und Gefühlen tyrannisiert, oder Sie sind oft so aktiv und begeistert, dass Sie sich nicht bremsen können, oder Sie können oft nicht abschalten und finden dann keine innere Ruhe.*

<u>Einsatzbeispiele:</u> Aufgeregtheit • Menschen, die irgendwie überdreht, innerlich getrieben oder gehetzt sind • Hysterie, übertriebene Emotionalität, Unbeherrschtheit • Tendenz zum "Ausflippen" • Übertriebene Aktivität bei Kindern (Zappelphilipp) • Kinder, die in der Schule durch Unruhe auffallen.

*Befragen Sie hierzu auch Ihre Angehörigen und Freunde.*

<u>Zusammensetzung:</u> Englische Blütenessenzen (*Cherry Plum, Holly, Impatiens, Mimulus, Rock Rose, Scleranthus, Vervain, White Chestnut* von Healing Herbs) in Originalstärke sowie in den Potenzen D6, D12, C3 – *zusätzlich durch spezielle positive Schwingungen aktiviert.*


# FLORIPLEX Nr.14

*Toleranz*

**Blütenessenzmischung für mehr *Toleranz und Verträglichkeit*.**

*Probieren Sie Floriplex 14, wenn Sie verständnisvoller und toleranter werden wollen. Denn Sie neigen sehr zu Kritik, oder es fällt Ihnen schwer, etwas Neues oder Andersartiges vorurteilsfrei anzunehmen, oder es gibt Vieles, was Sie - psychisch oder physisch - nicht mögen oder vertragen.*

<u>Einsatzbeispiele:</u> Unverträglichkeiten und Abwehrreaktionen aller Art (gegen Menschen oder Nahrungsmittel und Substanzen usw.) • Kritiksucht • Intolerante Haltung gegenüber Menschen, die anders denken, fühlen oder handeln.

*Befragen Sie hierzu auch Ihre Angehörigen und Freunde.*

<u>Zusammensetzung:</u> Englische Blütenessenzen (Beech, Cherry Plum, Crab Apple, Holly, Impatiens, Rock Rose, Star of Bethlehem, Vine, Willow von Healing Herbs) in Originalstärke sowie in den Potenzen D6, D12, C3 – *zusätzlich durch spezielle positive Schwingungen aktiviert.*

# FLORIPLEX Nr.15 *Versöhnlichkeit*

**Blütenessenzmischung für mehr *Versöhnlichkeit und Akzeptanz*.**

*Probieren Sie Floriplex 15, um versöhnlicher, nachsichtiger und entgegenkommender zu werden und die vermeintlichen Fehler anderer Menschen oder unerfreuliche Lebensrealitäten besser akzeptieren zu können. Denn Sie sind immer schnell beleidigt oder fühlen sich ungerecht behandelt, oder Sie sind oft eifersüchtig und nachtragend, oder Sie können Unrecht nicht vergessen.*

Einsatzbeispiele: Probleme in Ehe- und Partnerschaft sowie im Familienleben durch Unversöhnlichkeit • Probleme im Arbeitsleben - bestimmte Mobbing-Situationen" • "Beleidigte Leberwurst" • Rachsucht und Selbstgerechtigkeit. • Eifersucht.
*Befragen Sie hierzu auch Ihre Angehörigen und Freunde.*

Zusammensetzung: Englische Blütenessenzen (Beech, Holly, Oak, Rock Water, Star of Bethlehem, Vine, Willow von Healing Herbs) in Originalstärke sowie in den Potenzen D6, D12, C3 – *zusätzlich durch spezielle positive Schwingungen aktiviert.*

# FLORIPLEX Nr.16 *Schicksal*

**Blütenessenzmischung für *Zufriedenheit und Dankbarkeit*.**

*Probieren Sie Floriplex 16, um eine positivere und zufriedenere Haltung gegenüber dem eigenen Leben zu bekommen, Ihr Schicksal besser und evtl. dankbarer akzeptieren zu können und mehr Vertrauen in das Leben entwickeln zu können.*

Einsatzbeispiele: Ein schwerer Schicksalsschlag hat das Vertrauen in „Gott und die Welt" erschüttert • Man braucht in einer schweren Krise mehr inneren Halt • Man hat keine vertrauensvolle Einstellung zum Leben • Man sucht nach echtem Glauben, d.h. nach der Gewissheit, dass alles, was uns geschieht, letztlich richtig und „gut" ist.
*Befragen Sie hierzu auch Ihre Angehörigen und Freunde.*

Zusammensetzung: Englische Blütenessenzen (Beech, Gentian, Gorse, Holly, Hornbeam, Mustard, Star of Bethlehem, Walnut, Wild Oat, Willow von Healing Herbs) in Originalstärke sowie in den Potenzen D6, D12, C3 – *zusätzlich durch spezielle positive Schwingungen aktiviert.*

# FLORIPLEX Nr.17

**Blütenessenzmischung für mehr *Lebenssinn und klare Ziele.***

*Probieren Sie Floriplex 17, wenn Sie mehr Klarheit haben und z.B. den Sinn Ihres Lebens oder Ihre Berufung finden wollen. Denn Sie empfinden Ihr Leben oft als zu leer und sinnlos, oder Sie sind frustriert, weil Sie nicht wissen, wie es weitergehen soll (z. B. beruflich), oder es fehlt Ihnen in einer bestimmten Situation der Durchblick bzw. ein klares Konzept, oder Sie brauchen mehr Halt und Orientierung.*

Einsatzbeispiele: Sinnkrisen - „midlife crisis" • Suche nach dem richtigen Beruf (z.B. Jugendliche!) • Frustration oder Deprimiertheit, weil man das Gefühl hat, man lebe nicht sein Leben • Situationen, in denen man ein klares Konzept braucht (z.B. bei der Arbeit oder Zukunftsplanung) • Entscheidungsschwäche.
*Befragen Sie hierzu auch Ihre Angehörigen und Freunde.*

Zusammensetzung: Englische Blütenessenzen (Agrimony, Cerato, Larch, Pine, Scleranthus, Walnut, Wild Oat, Willow von Healing Herbs) in Originalstärke sowie in den Potenzen D6, D12, C3 – *zusätzlich durch spezielle positive Schwingungen aktiviert.*


# FLORIPLEX Nr.18

**Blütenessenzmischung zum *Loslassen und Nachgeben.***

*Probieren Sie Floriplex 18, wenn Sie lockerer, entspannter und nachgiebiger werden wollen. Denn Sie neigen dazu, sich zu sehr in Ihre Pläne und Ziele zu verbeißen, oder Sie pflegen sich selbst bei allem, was Sie tun, unter starken Erfolgsdruck zu setzen oder Sie können nicht loslassen und nachgeben, wenn es nötig ist.*

Einsatzbeispiele: Perfektionismus • Ehrgeiz • Dogmatismus • Sturheit • Man lehnt Kompromisse ab • Man ist im Arbeits- und Geschäftsleben, im Leistungssport oder in der Politik zu unnachgiebig, unflexibel und evtl. fanatisch. • Man hat sich "verrannt" und kann nicht mehr aufgeben oder loslassen.
*Befragen Sie hierzu auch Ihre Angehörigen und Freunde.*

Zusammensetzung: Englische Blütenessenzen (Chicory, Crab Apple, Oak, Pine, Rock Water, Vervain, Vine, White Chestnut von Healing Herbs) in Originalstärke sowie in den Potenzen D6, D12, C3 – *zusätzlich durch spezielle positive Schwingungen aktiviert.*

# FLORIPLEX Nr.19 *Mut*

**Blütenessenzmischung für mehr *Mut und Optimismus.***

*Probieren Sie Floriplex 19, wenn Sie mutiger, unbeschwerter und sicherer werden wollen. Denn vielleicht Sie sind wegen hoher Empfindsamkeit oder schlechter Erfahrungen sehr furchtsam, oder Ihr Leben wird allgemein zu sehr von diversen Ängsten beeinflusst oder sie brauchen in einer bestimmten Situation mehr Mut.*

Einsatzbeispiele: Allgemeine ängstliche Schüchternheit, Zaghaftigkeit oder "Feigheit" • Man möchte in einer bestimmten, schwierigen Situation entspannt bleiben • Grundsätzliche Angst vor allem Neuen • Man traut sich vieles nicht zu, obwohl man es wahrscheinlich könnte • Alpträume • Eingezogenes Genick.
*Befragen Sie hierzu auch Ihre Angehörigen und Freunde.*

Zusammensetzung: Agrimony, Aspen, Cherry Plum, Larch, Mimulus, Pine, Red Chestnut, Rock Rose, Star of Bethlehem von Healing Herbs in Originalstärke und in den Potenzen D6, D12, C3 – *zusätzlich durch spezielle positive Schwingungen aktiviert.*


# FLORIPLEX Nr.20 *Gute Laune*

**Blütenessenzmischung für *eine entspannte und positive Stimmung.***

*Probieren Sie Floriplex 20, wenn Sie gut gelaunt, entspannter, zufriedener und optimistischer werden bzw. bleiben wollen. Denn Sie sind vielleicht frustriert, weil Sie sich nicht genügend geliebt fühlen oder weil Sie entmutigt, überfordert, verängstigt oder verärgert sind, oder weil Sie ein schlechtes Gewissen haben oder weil Sie nicht wissen, was Sie tun sollen.*

Einsatzbeispiele: Schlechte Laune, negative Stimmung. • Man ist frustriert, weil sich die Dinge nicht so entwickeln, wie man es gerne hätte. • Man ist mit sich oder dem Leben unzufrieden • Man ist frustriert, weil alles so schwierig ist, weil die Menschen oder die ganze Welt so unerfreulich sind oder weil das Leben irgendwie sinnlos ist. • Für eine gute Stimmung.
*Befragen Sie hierzu auch Ihre Angehörigen und Freunde.*

Zusammensetzung: Englische Blütenessenzen (Chicory, Gentian, Holly, Hornbeam, Larch, Mimulus, Pine, Wild Oat, White Chestnut, Willow von Healing Herbs) in Originalstärke sowie in den Potenzen D6, D12, C3 – *zusätzlich durch spezielle positive Schwingungen aktiviert.*

**Blütenessenzmischung für ein *positiveres Liebesleben*.**

*Probieren Sie Floriplex 20, wenn Sie Ihr Liebesleben glücklicher gestalten und fähiger für eine erfüllte Liebe werden wollen. Denn es fällt Ihnen vielleicht schwer, sich auf eine echte Liebesbeziehung einzulassen, weil Sie damit schlechte Erfahrungen gemacht haben oder sich vor Beziehungsproblemen fürchten. Vielleicht brauchen Sie auch Unterstützung bei der Überwindung Ihres Liebeskummers.*

<u>Einsatzbeispiele:</u> Probleme im Liebesleben • Man fühlt sich ungeliebt • Man leidet unter einem hoffnungslosen Liebeswunsch oder dem Verlust einer Liebesbeziehung • Man gilt als „liebesunfähig" oder „liebesscheu" • Liebeskummer.

*Befragen Sie hierzu auch Ihre Angehörigen und Freunde.*

<u>Zusammensetzung:</u> Englische Blütenessenzen (Agrimony, Chicory, Heather, Holly, Honeysuckle, Larch, Star of Bethlehem, Walnut, Water Violet, Willow von Healing Herbs) in Originalstärke sowie in den Potenzen D6, D12, C3 – *zusätzlich durch spezielle positive Schwingungen aktiviert.*

## Bücher von Dr. Götz Blome

Das neue Bach-Blüten-Buch

Heile dein Kind mit Bach-Blüten

Das praktische Handbuch zur Bach-Blütentherapie

Anspruchsvolle Bach-Blüte-Therapie

Verstehst du dein Kind?

Ein guter Start ins Leben

Wirf ab, was dich krank macht

Regenaplex Handbuch

Ein glücklicher Mensch

Der Götterberg

Die Grille und die Ameise

### DVDs:

Einführung in die Bach-Blüten-Therapie

Regenaplex Basis-Seminar

Regenaplex Aufbauseminar

Kreative Regena-Therapie

Die Matrixtherapie mit Regenaplexen

Gedanken über die Liebe

Mit der Wahrheit leben

Innere Freiheit und gutes Gewissen

### Weitere Informationen:

www.dr-blome.de

www.floro-verlag.de